AKZENTE

EITSCHRIFT FÜR LITERATUR   1/2025 · 72. Jg.

AF196194

EXIL

Steine, Straßen, Städte
Texte von Weiter Schreiben-Autor*innen

AKZENTE | Begründet von Walter Höllerer und Hans Bender |
Fortgeführt von Michael Krüger und Jo Lendle

www.akzenteliteratur.de
ISSN 002-3957 · ISBN 978-3-910732-51-3
Erscheinungsweise: viermonatlich
Inlandsbezugspreis jährlich: € 35,- zzgl. Porto
Auslandsbezugspreis jährlich: € 35,- zzgl. Porto
(vorbehaltlich Preisänderungen durch DHL)
Einzelheft € 12,- | Doppelheft € 16,-
(alle Preise unverbindliche Preisempfehlung Stand 02/2025)

Alle Abonnements sind immer Jahresabonnements. Bei unter-
jährigen Bestellungen werden die jeweils zurückliegenden
Hefte des jeweiligen Jahres nachgeliefert.

Verantwortliche Herausgeberin: Marietta Thien, Dittrich Verlag
Redaktionsassistenz: Hannah Eschenauer, Dittrich Verlag
redaktion-akzente@dittrich-verlag.de

Einsendung von Manuskripten ausschließlich an die
Redaktion. Unaufgefordert eingesandte Manuskripte o.ä. können nicht zurückgesandt werden. Bewertungen für nicht ange-
nommene Einsendungen sind nicht möglich. Für unverlangte
Einsendungen kann keine Haftung übernommen werden.

© Dittrich Verlag in der Velbrück GmbH Verlage 2025
Meckenheimer Straße 47 · 53919 Weilerswist-Metternich
info@velbrueck.de
Unser gesamtes (Verlags-)Programm finden Sie unter
www.dittrich-verlag.de

Printed in Germany
Satz und Covergestaltung: Katharina Jüssen,
Weilerswist-Metternich
Titelbild: © Raisan Hameed, *Reminders from Iraq, 2012–2021*
Bildredaktion Cover: Juliette Moarbes, Maritta Iseler

Inhalt

Editorial

Was geschieht mit der Tür eines Hauses, das man unfreiwillig verlässt? Kann man eine Straße retten? In diesem von »Weiter Schreiben«[1] kuratierten Heft zeichnen Exil-Autor*innen innere Kartierungen nach. Auffällig oft prägen Wände, Straßenzüge, ganze Städte ihre Texte. Kabul, Damaskus, Butscha: Es sind Orte, die die Autor*innen nicht selten unter Schmerzen mit ins Exil getragen haben. *Die Wege, auf denen ich lief, zogen mich groß*, schreibt der syrische Autor Ahmad Katlesh.

Die Erzählungen und Gedichte, Tagebucheinträge und Briefe erstrecken sich vom Jemen bis in die Ukraine, sind zu unterschiedlichen Zeiten entstanden. In ihrer Vielfalt wird eines aber greifbar: Wenn Orte ihre Selbstverständlichkeit verlieren, hat das existenzielle Folgen. Unvertraute Städte müssen gedeutet werden: Sind die Fenster nachts aus Angst nicht erleuchtet? Kann man in einer Straße einfach herumstehen? Sind Frauen zu sehen? Die belarussische Autorin Nasta Mancewicz schreibt von der Schwierigkeit des Bleibens in Minsk: *Die Stadt ist in eine Menge Flicken zerfetzt. (...) Oder bin ich die Zerfetzte?*

Die Texte gesellen sich nicht geografisch, sondern unter den Motiven STEINE, STRAßEN und STÄDTE vorsichtig zueinander. So bilden sie einen Raum, der nicht ohne Hoffnung ist: Wenn Lina Atfah und Nino Haratischwili feststellen, dass die Häuser ihrer Vergangenheit sich zum Verwechseln ähneln, obwohl das eine im syrischen Salamiyya, das andere im georgischen Tbilissi steht, scheint etwas Helles, beinahe Leichtes auf. Die Texte werden selbst zu Anlaufstellen, an denen wieder etwas möglich ist – Verbindung, Austausch, Weitermachen, Weiterschreiben.

Annika Reich und Mirjam Wittig

Steine

Ich stelle mir
dein Fenster vor

Briefwechsel zwischen Lina Atfah und Nino Haratischwili

ÜBERSETZUNG AUS DEM ARABISCHEN VON OSMAN YOUSUFI

Von: lina atfah
Betreff: Guten Abend liebe Nino
Datum: 27. Januar 2019 um 22:42:35 MEZ

An: Nino Haratischwili

Guten Abend, liebe Nino,

heute Morgen bin ich glücklich aufgewacht. Ich trank meinen Matetee und hörte dabei Fairuz. Ich habe dir über Fairuz und ihre Stimme bislang noch nichts erzählt, auch nichts darüber, was sie für mich bedeutet, und zwar nicht nur für mich, sondern auch für meine Familie und mein ganzes Land. Als würde ich mir einen alten Morgen ins Gedächtnis rufen, hörte ich Fairuz, während sich meine Zunge unter der köstlichen Bitterkeit des Matetees zusammenzog.

Kann Schreiben die Welt verändern?, fragte ich mich, aber ich hatte das Gefühl, dass diese Frage zu groß und kompliziert war, dass sie zu diesem ganz normalen Morgen nicht passte, deswegen beschloss ich, sie zu vereinfachen, aber es gelang mir nicht. Ich dachte lange darüber nach, wie ich etwas bewirken könnte. Was kann ich schon tun, damit die Welt zu einem friedlicheren Ort wird? Das Schreiben ist tatsächlich das Einzige, was ich kann.

Die Welt verändert sich so schnell und wird jeden Tag gewalttätiger, und die Menschen haben keine Lust zu lesen, sie fürchten sich vor dem Lesen, weil das Lesen ihre Sorgen verstärken könnte, weil es sie zwingen könnte, endlich eine Entscheidung zu treffen. Warum sollte ich ein Gedicht von Bertolt Brecht lesen, wenn ich das Kreuzworträtsel einer Zeitung lösen kann, deren Nachrichten mich nicht interessieren?

So sah ich diese Welt. Ein Ei verlor seine Schale und sein Inneres floss ins Nichts, wo das Schreiben nur noch eine bittere Tat ist. Irgendwo auf dieser Welt stirbt jemand an Hunger, an Kälte oder an Unterdrückung. Und woanders lebt ein anderer, als würde er das Leben auf seinem Knie schlachten.

Viele traurige Gedanken, liebe Nino, deshalb versuche ich verzweifelt zu schreiben, ich versuche, diesem Leben seine Ungerechtigkeit zu vergeben.

LG
Lina

P.S.: Ich würde dir gerne eine Sammlung von Fairuz' Liedern schicken. Ich hoffe, du hast Zeit, sie zu hören. Vielleicht könnten dir diese Lieder etwas über mein Land erzählen, eine Fantasie, die ich nicht beschreiben kann.

> Von: Nino Haratischwili
> Betreff: Aw: Guten Abend liebe Nino
> Datum: 30. Januar 2019 um 16:12:14 MEZ
> An: lina atfah

Liebe Lina,

ja, schick mir die Lieder. Musik war schon immer ein wichtiger Teil meines Lebens. Alle in meiner Familie haben musiziert und gesungen, bis auf mich :) Ich habe mich auf die Texte spezialisiert. Wie traurig diese Zeile ist, aber zugleich auch rührend: »... ich versuche, diesem Leben seine Ungerechtigkeit zu vergeben.« Das ist ein schöner Gedanke.

Auf Annikas Anregung hin habe ich gestern viel über Ruinen nachgedacht. Was ich damit verbinde und wie dieses Wort für mich besetzt ist. So vieles im Leben verkommt zu Ruinen – nicht nur im physischen Sinne, auch im emotionalen, und manchmal bricht das Leben dort durch, wo man am allerwenigsten damit rechnet. Sofort kam mir dieses Bild in den Sinn, dieses eine Bild aus meiner Jugend von dem zerfallenen Haus. Ich schicke dir ein Foto von einem Foto von diesem Baum, denn ich habe ihn damals mit einer analogen Kamera fotografiert und er hängt gerahmt bei mir in der Wohnung (verzeih die schlechte Qualität).

Ich war damals sechzehn oder siebzehn und gerade mit der Schule fertig geworden. Ich war voller Tatendrang, ich wollte, dass das Leben endlich beginnt, ich wollte studieren, wollte meine neugewonnene Freiheit feiern, wollte mich berauschen an den Verheißungen der Zukunft. Aber alles, was mich umgab, war trist und rau, es war traurig und gelähmt, erstarrt. Denn das ganze Land glich damals einer Ruine: die Unabhängigkeitskämpfe, die Wirtschaftskrise, der Zerfall der Sowjetunion, zwei Kriege und ein Bürgerkrieg, mitten in der Hauptstadt ausgetragen, die totale kulturelle Stagnation, existenzielle Ängste – all das umgab mich, all das hinderte mich daran, mich an meinem Leben zu berauschen. Wir, meine Freunde und ich, versuchten es trotzdem. Wir gingen stundenlang spazieren, wir sprachen von unseren Träumen und Hoffnungen, wir tranken billiges Bier und kamen uns erwachsen vor, wir verliebten uns und entliebten uns, wir lebten in einer Parallelwelt, in der es keine Politik und keine Erwachsenen gab, dafür aber viel Kunst und viele Tagträume.

Auf einem unserer Streifzüge entdeckte ich dieses Haus. Es lag gegenüber einem Café, das zu unserem Lieblingscafé wurde und bis heute existiert. Es ist angebunden an ein wunderschönes Puppentheater, in dem es den köstlichsten Apfelkuchen der Welt gab und das heute von Touristenscharen überlaufen ist. Direkt gegenüber stand ein altes, schönes, herrschaftliches Haus, wahrscheinlich aus dem 19. Jahrhundert, in dem einst gelebt und geliebt, geboren und gestorben wurde und das nun entzweigerissen worden war: Ein riesiger Spalt teilte es in zwei Stücke und inmitten dieser klaffenden Lücke ragte ein schmaler, schöner Baum hervor. In meiner Erinnerung blühte er weiß, wunderschöne, zarte Blüten schmückten seine Äste, vielleicht waren es Kirschblüten, vielleicht aber auch nur ein Stück meiner Fantasie.

Irgendwas an diesem Bild hielt mich gefangen. Ich konnte mich nicht rühren. Meine Freunde zogen weiter, ich blieb stehen und starrte wie versteinert hin. Ich weiß bis heute nicht, woran es liegt, aber immer noch hat dieses Bild eine enorme Wirkung auf mich. Ich kehrte am nächsten Tag zurück und machte dieses Foto.

Was ich da sah, hatte viel mit meiner eigenen Situation zu tun, mit der Energie, die damals freigesetzt wurde und die mich zwang, die endlosen Probleme und die triste Stimmung in etwas Kreatives umzusetzen, was sich letztlich als meine Rettung erwies. Es hatte aber auch viel mit dem Land zu tun, aus dem ich komme, das bis heute in diesem Ruinenspalt etwas Neues aufzubauen versucht, ohne aber vorher die Ruinen wegzuschaffen. Es hat aber auch sehr viel mit der Hoffnung zu tun, die man unbedingt braucht, egal wie schrecklich einem alles erscheint, diese existenzielle Hoffnung, dass doch etwas anderes, Neues möglich ist.

Das Bild habe ich später meiner Freundin Julia gegeben, der Künstlerin, die das Buchcover für »Das achte Leben (für Brilka)« gestaltet hat, und bat sie, sich davon inspirieren zu lassen. Nun sind das Bild und der Roman für immer miteinander verwoben und begleiten mich beide weiterhin durch mein Leben.

Heute steht dort ein neues Haus. Alles ist glatt und hübsch, alles Vergangene ist verschwunden, keine Spur einer Ruine ... Und so sieht es aus:

Schreib mir bald.
Deine Nino

Von: lina atfah
Betreff: Aw: Guten Abend liebe Nino
Datum: 5. Februar 2019 um 14:21:01 MEZ
An: Nino Haratischwili

Liebe Nino,

ein Schauer lief mir über den Rücken, als ich das Foto sah. Warum sollte Nino mir ein Foto unseres Hauses in Salamiyya schicken?, fragte ich mich. Das Gefühl hatte ich schon lange: Du und ich, wir teilen nicht nur einfache Details, es ist ein ganzes Leben, das seine Fäden zwischen uns spinnt.

LINA ATFAH UND NINO HARATISCHWILI

Der Anblick eines Hauses wird von weit mehr bestimmt als von dem Haus oder dem Garten selbst. Stundenlang saß ich im Innenhof unseres Hauses und betrachtete den Balkon, die Steintreppe, den Jasmin, der sich die Mauer und die Regenrinne hinaufwand, und den Orangenbaum, der wie ein neugieriger Nachbar aussah, der seinen Kopf vorstreckt, um einen schnellen prüfenden Blick nach draußen zu werfen. In diesem Innenhof experimentierte ich mit der Poesie und teilte meine Geheimnisse mit dem Ort. Der Ort ist ein Verbündeter der Seele. Einsam kommt der Mensch zur Welt und verlässt sie genauso einsam, aber ich teilte meine Einsamkeit mit dem Ort. Ich bin Nachfahrin einer langen Migrationskette, und jener Ort ist es ebenso. Dass die Pflastersteine sich sammeln, um ein Haus zu formen, ist genauso eine Migration.

Von unserem Balkon schaute man auf einen Friedhof. Dort spielte ich jahrelang mit meiner Schwester und anderen Kindern zwischen den Gräbern. Die Tatsache, dass unser Haus vom Friedhof umgeben war, versöhnte mich mit dem Tod. Mein erster Verlust trat ein, als der Friedhof in einen Park verwandelt wurde und der Lieblingsort meiner Kindheit verschwand. Meine Schwester und ich nannten ihn den kahlen Park, weil er mit ein paar Zypressen und einem unfertigen Brunnen aus blauem Porzellan der ärmste Park der Welt war. Aus einem Ort voller Labyrinthe, Geschichten, Kleintiere, Kräuter, komischer Blumen und Geister wurde ein langweiliger Ort, wo man nicht spielen, sondern nur um den Friedhof trauern konnte.

Hier in Deutschland sind die Friedhöfe übersichtlich, perfekt und schön, aber auch kalt, streng und geheimnisvoll. Unser Friedhof war herrlich, chaotisch und laut.

Ich vermisse ihn, ich hatte ihn schon verloren, bevor ich Syrien verließ.

Ich verlor ihn, weil er sich veränderte und ein langes Gedächtnis verschluckte.

Ich vermisse den Ort und seine Gewohnheiten.

Wenn du dir das Bild anschaust, das ich dir schicke, wirst du die Ähnlichkeit bemerken, zwei gegenüberliegende Spiegel und zwei Leben, die Verstecken spielen und lachen, als ob alles in Ordnung wäre.

Früher konnte ich das ganze Haus beobachten, während ich den Innenhof schrubbte. Ich erinnere mich an das Wasser, das ich aus dem Eimer goss, ich erinnere mich an das Geräusch des Schrubbers, ich erinnere mich daran, wie ich das Wasser verteilte und wie das Wasser allen Staub und Schmutz verschluckte, wie es alle meine Sünden in den Gully mit der gelben Abdeckung schwemmte.

Ich vermisse die Routine des Wischens. Hier, wo es keine Gullys wie zu Hause gibt, wische ich den Staub weg und betrachte ihn dann, schwarz und schmutzig, auf dem Scheuerlappen. Ich sehe alle meine Sünden. Ich bräuchte einen großen Wassereimer, um ganz viel Wasser zu vergießen und das lange Gedächtnis des Elends wegzuwischen.

Schreib mir Nino, weil ich jedes Mal, wenn ich deine Worte lese, den Rückweg nach Hause finde.

Anbei schicke ich dir ein Foto aus Salamiyya. Meine Cousine Salam Atfah hat es vom Innenhof aus aufgenommen. Sie wohnt heute mit ihrer Familie in unserem Haus. Früher wohnten sie in einem Dorf in der Nähe von Salamiyya, in Al-Mabujah, wo der IS einmarschierte und ein schreckliches Massaker beging. Nachdem der IS seine Mission beendet hatte, bombardierten die Regierungskräfte die Häuser mit Luftangriffen. Meine Cousine und ihre Familie überlebten die Angriffe, aber sie verloren ihr gesamtes Hab und Gut.

Viele liebe Grüße aus Wanne-Eickel,
Lina

LINA ATFAH UND NINO HARATISCHWILI

Von: Nino Haratischwili
Betreff: Aw: Guten Abend liebe Nino
Datum: 18. März 2019 um 20:30:08 MEZ
An: lina atfah

Liebe Lina,

danke für deine bitter-süß-traurig-schaurigen Gedanken und Erinnerungen ...
Wie geht es der Familie deiner Cousine? Wie leben sie jetzt? Es erscheint mir so
absurd, diese Fotos, dich, deine Geschichte und das Wort IS in einem Satz zu-
sammenzubringen. Mein Gehirn weigert sich, die damit verbundenen Bilder in
Einklang mit dir zu bringen, mit deinem Lachen und deiner Heiterkeit. Aber ich
weiß, dass es wahr ist. Und ich weiß, wie heiter und lebenshungrig man wird,
sobald das Leben zu einem blanken Überlebenskampf verkommt.

Friedhöfe sind ein Thema für sich, ich würde gern einmal ausführlicher darüber schreiben, und vielleicht setzen wir die Gedanken zu diesen schaurig-fried-
lichen Orten irgendwann wieder fort. Aber heute will ich noch bei den »Häusern« bleiben, die in meinem Kopf stets auch eine »Ruine« in sich tragen, sogar
die neu erbauten. Vielleicht, weil ich zu viele Häuser zu Ruinen verfallen sah,
vielleicht weil das der natürliche Gang der Zeit ist. Es ist nicht einmal ein besonders trauriger Gedanke, sondern eine ganz banale Gegebenheit, wenn man
so will ...

Meine Eltern lebten in einem Mehrfamilienhaus. Ich bin in eine anonyme
Betonwelt hineingeboren worden. Unser Haus galt als schön und modern und
doch mochte ich es dort nie. Aber meine Mutter hatte eine sehr enge Bindung
zu ihrer Mutter und ihrer Schwester und nutzte jede Gelegenheit, um nach Sololaki zu fahren. Das ist bis heute einer der schönsten und ältesten Stadtteile
von Tbilissi. Er erstreckt sich über mehrere Hügel und die wunderbar verschnör-
kelten Häuser mitsamt den bunten Holzbalkonen sind zwischen den kopfstein-
gepflasterten Hügeln versteckt wie kleine bunte Pilze im Wald.

Sogar in der Sowjet-Ära wirkte Sololaki wie ein Überbleibsel aus einer anderen Zeit. Als wäre es aus einer fernen Welt gerissen worden. Es passte nicht
in die graue, gleichmachende Tristesse, die der Staat für erstrebenswert hielt. Zu
bunt, zu schrill, zu laut, zu chaotisch waren jene Straßen. Heute noch herrscht
in den halb verfallenen Höfen mehr Leben als in ganz Hamburg. Manchmal
ist es dort auch zu hektisch und zu laut, außerdem gibt es kaum Privatsphä-
re, denn die Höfe sind von Durchgangsbalkonen bzw. Gängen umzingelt (diese
Bauform wird in Österreich Pawlatsche genannt). Im Garten flattert die Wäsche,

irgendeine ewig neugierige Nachbarin steht am Fenster und beäugt alles, rauchend und Kaffeesatz lesend, Kinder spielen, ein Autofreak wäscht ausgiebig sein Gefährt, während schäumende Seifenlaugen über den ganzen Hof fliesst. Früher war Sololaki ein Nobelviertel, erbaut auf den Wasserquellen, derentwegen – so will es die Legende – die Stadt überhaupt erst gegründet wurde. In der kurzen Zeit der Unabhängigkeit vor der Sowjetisierung des Landes, die 1921 begann, lebten dort die vornehmsten Bürger der Stadt und leisteten sich ihre klassizistischen Villen mitsamt überwucherten Gärten. Aus diesen Gärten wurden später die sogenannten Tbilisser Höfe, die von den Bolschewiken in »Italienische Höfe« umbenannt wurden. Da wegen Wohnungsknappheit in diesen Quartieren (der georgischen Variante der »Kommunalkas«) viele Menschen dicht beieinander hausten und sich das Leben immer mehr nach draußen verlagerte, ging es in den Höfen ganz schön laut zu. Und weil zu jener Zeit die italienischen neorealistischen Filme populär wurden, dachte man bei Lärm sofort an Italien – so wurden aus den Tbilisser Höfen die Italienischen Höfe.

Eines der schönsten Gebäude in dieser Gegend ist das Haus des Cognacfabrikanten und Mäzens David Sarajischwili, der die Villa seiner geliebten Frau zum fünfundzwanzigsten Hochzeitstag schenkte. Sie wurde 1905 von dem deutschen Architekten Carl Zaar erbaut, der geschickt europäische und georgische Elemente miteinander verband. Die Fliesen für die Terrasse wurden eigens bei Villeroy & Boch bestellt.

Das Haus war schon immer ein beliebter Treffpunkt für Künstler, Gelehrte und Adlige. Da Sarajischwili keine eigenen Kinder hatte, vermachte er es der Stadt, mit dem Wunsch, dass es ein künstlerischer Ort bleiben sollte. 1921 eröffnete dort das sogenannte »Schriftstellerhaus«. Um in der sowjetischen Diktatur publiziert zu werden, musste man staatskonform sein und das hieß auch: Mitglied jenes Verbandes.

Ende der 30er Jahre erreichten die Stalinistischen Säuberungen in Georgien ihren Höhepunkt. Vor allem Künstler und Intellektuelle traf es mit einer unvorstellbaren Härte. Tausende von ihnen wurden nachts von den NKWD-Mitarbeitern abgeholt und deportiert oder verschwanden spurlos. Auch das »Schriftstellerhaus« blieb nicht verschont. Einer der Künstler, der georgische Dichter Paolo Iaschwili, kam seiner Verhaftung zuvor: nach einer Sitzung des Schriftstellerverbandes erschoss er sich am 22. Juli 1937 direkt im großen Saal.

Heute ist das Schriftstellerhaus restauriert und gehört zu den schönsten Gebäuden in der ganzen Stadt. Es ist ein Ort, der mich an viele wunderbare

Autoren denken lässt, die einst dort waren und denen so brutal alles genommen wurde, ein Ort, der mich demütig macht und mich daran erinnert, dass die Geschichte sich immer wieder im Kreis dreht ...

Ich freue mich auf deinen nächsten Brief.
Deine Nino

Wenn es gilt, dass man ist, was man isst, dann bin ich Bissen und Krümel mit ein paar Prisen Gewürzen. Ich bin altbackenes Brot und Billigware, abgelaufene Konserven, Rost und Schimmel. Ich bin Stärke, Wasser und Fett.

Es hieß immer, niemand müsse in Damaskus hungern, ist Syrien doch ein großzügiges, üppiges Land. Es hieß, die Armen seien deshalb arm, weil sie sich nicht bemühten. Die sich immer weiter ausbreitenden, die Hügel und Berge des Landes hinaufkletternden Betonslums strafen diese Behauptungen Lügen. Der Slum, in dem ich aufwuchs, war nur einer unter vielen.

Sam Zamrik

Die Armen in den Städten

ÜBERSETZUNG AUS DEM ENGLISCHEN VON HEIKE GEISSLER

Mein Vater war mehr als zwanzig Jahre lang Koch gewesen. Er hatte keine offizielle Ausbildung durchlaufen und arbeitete in einer Zeit, in der das stabile Internet noch nicht in Syrien angekommen war. Er arbeitete vierzehn Stunden am Tag und verköstigte Präsidenten und diplomatische Delegationen. Er kochte für Grundbesitzer und Kriegsherren, noch bevor der Krieg begonnen hatte. Eine Zeit lang versorgte er sein Kind mit den Resten aus dem Restaurant, für das er kochte. Bœuf Stroganoff, Hackbratenrollen aus zweierlei Sorten Fleisch, Hühnchen mit Kapern-Sahne-Soße und Kartoffel-Fleisch-Gratin füllten ein paar Jahre regelmäßig unseren Kühlschrank. Endlose Stunden schaute ich *Fatafeat*, den Kochkanal des Satellitenfernsehens, und stellte mir meinen Vater anstelle des jeweiligen Fernsehkochs vor. Aber mein Vater starb jung und hinterließ Schulden, hoch genug, uns innerhalb weniger Monate bankrott gehen zu lassen. Nahezu über Nacht wurde aus dem Kind ein kleiner, hungriger Erwachsener.

Meine Armut befeuerte meine Neugierde. Hunger und Wissensdurst geben sich gern für das jeweils andere aus. Beide sind sie unstillbar und anspruchslos, was die Quelle und den Umfang ihrer Versorgung angeht, solange sie nur kontinuierlich verpflegt werden. Meine Seele war arm. Ich konnte nicht genug bekommen. Mein Magen wartete in ständiger Aufwühlung. Ich wusste, was die Welt zu bieten hatte, welche Ausgaben Menschen sich leisteten, um ihre Mägen zu stopfen und ihre Zungen mit elaborierter Sprache aufzuplustern, und das alles war außerhalb meiner Reichweite.

In diesen Jahren verkauften meine Mutter und ich unsere Sofas, Kerzenhalter und Schränke für Essen. Mahlzeit um Mahlzeit leerten wir unser Haus, um unsere Mägen zu füllen. Jede Speise war Blasphemie. Leere Taschen verschlingen ganze Kulturen. Wir tunkten trockenes Brot in Wasser und zählten verschrumpelte alte Oliven. Tomatenmark kostete dreimal mehr, also vermählten wir unsere Spaghetti mit Ketchup. Schlagsahne kostete das Vierfache, also verbanden sich frischer Jogurt und Knoblauch zur Sahnesauce des armen Mannes. Mayonnaise beförderte sich selbst von der Zutat zum Aufstrich, trug den Knoblauch zur Schau, weil es nichts anderes gab, zu dem sie sich hätte gesellen können. Ein halbes Kilo Hummus reichte für ein paar Tage. Heiß wurde zum Geschmack und die Konsistenz musste alles Weitere ersetzen, weshalb eine andere Zubereitungsart derselben Zutaten die Illusion der Abwechslung vermitteln konnte. Unzählige Kartoffeln reicherten meinen Schweiß mit Stärke und Süße an. Stampfe sie, frittiere sie, backe sie, koche sie – aber nach einigen Tagen erschöpfen sich die Möglichkeiten. Frittierte Fadennudeln mit Zuckerrübensirup sind ein trauriger Nachtisch. Stärke, Stärke, Stärke. Stärke, Wasser und Fett sind Lebenserhaltung, aber keine Lebensmittel.

Mit regelmäßigem Stromausfall lebend, wurde Schimmel zu unserem ständigen Mitbewohner. Wir haben gegen ihn um unser Essen gekämpft. Wir haben um ihn herumgeschnitten, ihn abgewaschen oder uns gegenseitig davon überzeugt, dass er das Geschmacksprofil eines billigen Roqueforts zu bieten hätte – der Schimmel war gekommen, um zu bleiben. Er lebte in den Wänden, hinter den geronnenen Tropfen bernsteinfarbenen Öls. Die Küche roch feucht und ranzig, nur ein Kaffee spät in der Nacht oder ein seltenes Curry konnten den Geruch niederringen.

Wie andere Arme in den Städten entwickelte ich einen Sinn für die latente Spur von Urin in verbrannten Nieren, für die zahnschleifende Eisennote von frisch gekochtem Leberblut und den abgerundeten Geschmack von langsam gekochten, gefüllten Innereien, alles durchzogen von ungeheuren Mengen an Kreuzkümmel und Zitronensäure. Jeden Tag brachte ich meinen Magen zum Schweigen, nie aber meine aufgewühlte Seele. Glücklich waren die Tage mit Fleischstücken, weil ein Festmahl aus Hühnchen oder Koteletts die Anstrengungen des Tages verdauen half. Ein einfaches Grillhähnchen war eine Freude für alle Sinne, zarte Scheiben Kalbfleisch mit reichlich Zitronensaft und Knoblauch waren göttlich. Diese Dinge zu essen, war für eine arme Seele nicht wie das Verschlingen von Nahrung, sondern eher wie die Vereinigung mit heiligem Fleisch.

In jenem eigentümlichen Nirgendwo, in dem man sich befindet, wenn man sich in der düsteren Grenzstadt Eisenhüttenstadt um Asyl bewirbt, war das Essen niemals dermaßen knapp, aber auch niemals so gut. Dasselbe galt für andere Unterkünfte in Potsdam. Uns wurden Portionen aus modrigem Reis gereicht, der nach kranken, vom langen Gehen in festen Schuhen aufgeweichten und schließlich entzündeten Füßen roch. Dazu eine fragwürdig schmeckende rote Soße, die sich in ihre Bestandteile auflöste. Ich hatte zuvor schon Schimmel gegessen, aber jener Schimmel war mein Mitbewohner gewesen. Ich wusste, woher er kam, ich wusste, wessen Vernachlässigungen ihn hatten wachsen lassen, und kannte wiederum deren Ursachen. Der Schimmel in diesen Mahlzeiten dagegen war mir so fremd wie das Land, in dem ich mich nun befand, also aß ich, was ich kannte – *nichts*.

Nach ein paar Wochen mit Verlegungen von Asylunterkunft zu Asylunterkunft verbrachte ich die meiste Zeit außerhalb einer kleinen Stadt namens Doberlug-Kirchhain im Süden Brandenburgs. Dort hatte eine alte Soldatenbaracke dank erfolgreicher Lobbyarbeit ein Facelift verpasst bekommen und war in ein Heim für Geflohene verwandelt worden. Jeden Dienstag machten die Soldaten der umliegenden Baracken Schießübungen, oft flogen Helikopter ganz in der Nähe im Tiefflug. Ein Cateringunternehmen servierte das Essen auf der Basis eines Monatsplans, das Essen aber war frisch und variierte täglich. Dort entdeckte ich meinen Geschmackssinn für Käse und Aufschnitt wieder, für Brot, Marmelade und eine Tasse heißen Tee, der täglich zu zwei Mahlzeiten serviert wurde. Das Abendessen dauerte von 18 Uhr bis 20 Uhr 30, so wie es in Deutschland Brauch ist. Gegen 23 Uhr wurden alle wieder hungrig und das Festmahl mit Chips und Kettenrauchen begann. Alle, die ein paar Worte Deutsch zusammenkratzen konnten, baten das Sicherheitspersonal, die kleine Teeküche für ein paar Rühreier oder Pommes zu öffnen. Mir halfen Zigaretten und der gelegentliche Vorrat an selbstgebackenen Keksen, die ein Freund mir nach jedem Berlinbesuch mitbrachte. Servietten, Zigarettenhülsen, Marmelade, Schokoladenpäckchen und selbstgemachte Kekse füllten mein oberstes Schrankfach. Sechs Monate vergingen.

Es gab auch Lager, in denen erwartet wurde, dass wir kochten: die über Gebühr aufgeblasene Traglufthalle am kleinen Flugplatz Schönhagen bei Trebbin; das noch kleinere, dreietagige Containerlager von Hennickendorf in der Gemeinde Nuthe-Urstromtal und die Wohnung, die jeglicher Arbeitsfläche oder Regale entbehrte – alle im tiefsten Brandenburg. Man nahm uns das schimmlige Essen und ersetzte es durch Geld, obwohl die Einrichtungen uns keinerlei geeignete Einrichtung zum Kochen zur Verfügung stellten. Verbranntes, bernsteinfarbenes

Öl – fremdes diesmal – und etliche Schichten Ruß zierten die Wände. Aus jedem Rohr tropfte Wasser auf das Laminat – und blieb dort.

In der neu eröffneten Halle in Trebbin, die auf längere Nutzung ausgerichtet war, bekam ich meine erste vollständige Auszahlung der Sozialhilfe, gemeinsam mit den etwa hundert anderen, die mit mir dorthin umgezogen waren. Während der nächsten Tage fuhren Sozialarbeiter mit jeweils sechs von uns vom Flughafen in die Stadt, um bei Lidl Lebensmittel einzukaufen. Alle frittierten ihre Pommes und kochten ihren Reis, ich aber bereitete mir Sandwiches und meine Tasse Tee zu. Ich wurde wieder verlegt, wohnte diesmal direkt außerhalb von Hennickendorf, das nur aus wenigen Häusern besteht. Ich begann zu essen wie ein kleines Kind, dessen Eltern für ein paar Stunden aus dem Haus gegangen sind.

Ich besaß eine Schüssel. Außerdem standen mir ein Wasserkocher und ein kleiner Kühlschrank in meinem Zimmer zu. Ich verzehrte deshalb Unmengen von preisreduzierten Cornflakes, Choco Chips und Instantnudeln, Gouda und alle Sorten Wurst. Ich trank unglaubliche Mengen Milch und heiße Schokolade. Alle zwei Tage ging ich zum nahe gelegenen Thomas Philipps. Ich ging zwei Kilometer lang an einer Weide voller Pferde und Kühe vorbei, blieb immer auf dem von Minen beräumten Pfad. Im angrenzenden Wald sah ich oft Angehörige der Armee in Bombenschutzkleidung, unterwegs mit Metalldetektoren. Ich schleppte kiloweise dieselben Dinge, grüßte immer die Pferde. Dieser Gewohnheit blieb ich treu, als ich eine Wohnung in Luckenwalde bekam. Auch sie lag am Stadtrand, gegenüber einem Ziegenhof. Diesmal hatte ich keinen Kühlschrank, keine Spüle, keine Arbeitsplatte oder Schüssel. Der Aldi der Stadt war ein paar Kilometer entfernt. Dort sah man mich oft. Brot, Gouda, Salami und eine Tasse heißer Tee sind weiterhin die Lebensgrundlage meiner Einsamkeit, jener Momente, in denen es mir unmöglich ist, nach etwas zu gelüsten, und ich unfähig bin, etwas zu genießen. Das Essen des Nirgendwo sozusagen.

Fünf Jahre nach der Armut meines Aufwachsens, vier Jahre entfernt von der Notdürftigkeit der Asylunterkunft und in der Kargheit meines Studentenlebens verändere ich mich langsam. Ich misstraue altem Käse und dem Ansatz von Schimmel. Ich kann einem halb durchgegarten Steak oder Burger vertrauen. Ich weigere mich, auch nur ein weiteres Verzweiflungsfalafel auszuhalten. Ich frittiere nur selten.

Aber ich kann endlich das Nirgendwo verlassen. Ich kann essen, um mir eine Freude zu machen, und kochen, um die, die ich liebe, zu verwöhnen. Meine Seele aber hungert noch immer.

Yirgalem Fisseha Mebrahtu

Die Enge

ÜBERSETZUNG AUS DEM TIGRINYA VON MIRAS W.

Meine Zelle so groß wie ich.
Der Boden mein Bett.
Die Luft karg, spärlich die Wärme (als wäre sie Medizin).
Hier drinnen die Hölle, die Tür das Maul der Bestie.

Ich bin am Ende mit den Nerven, ich kann nicht mehr.
Wenn der Teufel mich nehmen wollte und davontragen,
ich würde nicht fragen, wohin.

Widad Nabi

Der Ort von Erinnerung beleuchtet

ÜBERSETZUNG AUS DEM ARABISCHEN VON SULEMAN TAUFIQ

1
Für unsere Häuser,
die wir verließen
bei jeder Zerstörung und Bombardierung.
Traurig ist,
dass du die Ruinen deines Hauses im Traum besuchst
und zurückkehrst ohne Staubspuren an deinen Händen.

2
Zärtlich ist,
dass du die verwelkten Blumen gießt
im Nachbargarten,
weil die Blumen deines Hauses
ohne Wasser unter Bomben starben.

3
Die Entfernung ist
eine Zwangsgeografie,
trennt zwei Städte voneinander.
Zwischen ihnen Tausende von Meilen,
in einer hast du deine Kleider auf der Wäscheleine gelassen,
in der zweiten streckst du deine Hand in die Luft,
um deine Kleider von der Terrasse in der ersten zu nehmen.

4

Deine Hand,
die an den Klingeln deines alten Hauses haftet.
Wer erzählt ihr,
dass »die Häuser nicht mehr denen gehören, die sie verließen«?

5

Nur das Wasser allein
weiß, warum die Blumen weinen
auf den Balkonen der glücklichen Familien,
die wir verlassen haben.

6

Auf dem Weg zu deinem neuen Zuhause
gibt es eine lange Straße der Sehnsucht,
du wirst dort ewig entlanglaufen.

7

Berührst du das harte Metall des Busses hier,
wächst dort eine Narzisse
auf dem Metallgriff deiner Haustür.
So bleiben die Häuser ihren vertriebenen Besitzern treu.

8

Mitten im Schlaf wacht jede Nacht auf.
Der Wasserhahn tropft immer noch
in deiner alten Küche.

9

Das Leben wird nicht so schlimm,
es schenkt dir ein neues Haus.
Aber deine Seele bleibt ein Wolf,
der jede Nacht heult
auf der Stufe deines alten Hauses.

10

Hinter dem alten Fenster
beobachtet dein Bild den Regen,
die feuchte Buche weint
und niemand bemerkt sie.

11

Die Dunkelheit gedeiht
in den verlassenen Häusern
wie das Kraut im April.
Trotzdem ist der Ort von Erinnerung beleuchtet.

Als ich *Der Ort von Erinnerung beleuchtet* las, kannte ich Widad Nabi noch nicht. Aber hätte mir jemand einen Packen Gedichte gegeben mit der Bitte, mir eins auszusuchen und *Der Ort von Erinnerung beleuchtet* wäre dabei gewesen, ich hätte dieses unter Hunderten ausgewählt. Es korrespondiert über Zeit und Geografie hinaus mit einem Gedicht, das ich vor 25 Jahren geschrieben habe:

Annett Gröschner

Unter Hunderten

das verschwundene haus

ich habe die uhren zurückgedreht
kalender jahr um jahr zerrissen –
das grundstück suchte steine zusammen
sammelte balken aus asche und rauch
& baute das haus vor mir auf
ich trug die möbel die treppe hinauf
ich fing die gläsernen spatzen und tauben
aus dem keller trug ich die toten
in ihre wohnung zurück frau loeffler
zog ein kleid an aus luft
in der mode der dreißiger
frau debes kochte kaffee aus goldenen bohnen
sorgsam gehütet unter den kohlen
den trümmern dem schutt
herr behrensdorf schmiedete gitter
daß wir nicht abstürzen
ich brannte den schnaps
ich deckte den tisch das bett auf
schüttelte ich
rief deine schutzengel an
dir die treppe zu weisen

ich baute ein knarren ein in die tür
falls du blind seist solltest du hören
daß hier ein haus ist
alle vögel wies ich an
dich mit gesang zu betören
wen noch?
...
wir alle haben gewartet
der kaffee wurde kalt und zu staub
die vögel zersprangen
frau debes zerstob wie herr behrensdorf wie frau loeffler
das haus fiel lautlos zusammen die liebe
was soll sie noch sagen?
du trottest den weg entlang her & hin
deine füße streifen mich
das mosaik der toreinfahrt
hebt einen stein hoch
jetzt stolperst du fällst fluchst

aus: Herzdame Knochensammler, KONTEXTverlag, Berlin 1993

Das Haus meines Gedichts gab es wirklich, auch die Namen der Leute darin habe ich mir nicht ausgedacht, sie standen 1943 im Berliner Adressbuch unter der Adresse Prenzlauer Berg, Rykestraße 27. 1992, als ich das Gedicht schrieb, gab es nur noch das Hinterhaus, zu dem man über die Mosaiken der alten Toreinfahrt des Vorderhauses lief, rechts und links gesäumt von den Kriegsgewinnlern unter den Pflanzen – Essigbäumen und Holunderbüschen, die wuchsen, wo einst die Ladengeschäfte waren. Darunter lagen die Keller, verfüllt mit Trümmerschutt, zwischen den hindurch sich die Wurzeln ihren Weg suchten. Essigbaumwurzeln können Betonplatten anheben. Es gab Hunderte dieser Grundstücke in Ostberlin, jahrzehntelang. Über zehn Jahre habe ich mich mit umzäunten Brachen, verlorenen Ecken und Leerstellen beschäftigt, weil ich besessen war von dieser gründlichen Zerstörung. Ich habe lange nicht gewusst, warum. Erst spät erfuhr ich, dass die Traumata der Eltern sich übertragen in die Psyche der Nachgeborenen. Seit frühester Kindheit hab ich nachts die Verschüttung meiner Mutter in einem Keller als meine eigene nachgeträumt.

Ich teile mit Widad das Wissen, dass Häuser ein Gedächtnis haben und ich weiß, dass Krieg mit einem Waffenstillstand nicht vorbei ist. (In der Hoffnung, dass es in Syrien wenigstens den gäbe.) Inzwischen sind fast alle Brachen bebaut, die Einschüsse in den Fassaden überschminkt, die alten Bewohnerinnen, die noch erzählen konnten über die Zeit der Bombardierungen, vertrieben oder gestorben. Und auch ich musste diesen Ort meines Wissens verlassen, unfreiwillig.

Das Leben wird nicht so schlimm,/ es schenkt dir ein neues Haus./ Aber deine Seele bleibt ein Wolf, / der jede Nacht heult/ auf der Stufe deines alten Hauses, sagt Widad.

Das Einzige, was an dem Ort meines Gedichtes unverändert blieb, sind die Steine, mit denen die Gehwege gepflastert sind. Ich ging mit Widad diese Wege meiner Recherchen und plötzlich blieb sie stehen, zeigte auf die Pflastersteine und sagte: »Sie erinnern mich an Aleppo. Dort gibt es auch diese gepflasterten Wege.«

Der Krieg, er ist nicht tot, der Krieg, er schläft nur, singt Rio Reiser.

In Berlin laufen wir alle über die schlafenden Zünder von Bomben, über die auch Widad jetzt geht, wenn sie durch die neue Stadt streift, aus einem anderen, näheren Krieg gekommen.

Briefwechsel zwischen Marie Bamyani und Tanasgol Sabbagh (Auszug)

ÜBERSETZUNG AUS DEM AFGHANISCHEN PERSISCH VON BIANCA GACKSTATTER

Bad Berleburg, 8. Juni 2024

Liebe Tanasgol,

ich hoffe, dass die Musik deines Lebens beim Lesen dieses Briefes einer wohlklingenden Melodie folgt und dass du dich so frei und unbeschwert fühlst wie der kleine Vogel, der jeden Tag auf dem gefällten Baum vor meinem Fenster vor sich hin trällert und tanzt.

Ich bin ein wenig neugierig auf dich geworden und habe mich im Internet nach dir umgeschaut. Wie schön, dass du Gedichte schreibst! Was gibt es Schöneres als Poesie? Ich finde, dass wir in der heutigen Welt mehr denn je Gedichte und Geschichten brauchen und dass die Verbindung des Lebens und der Seelen der Menschen untereinander viel wichtiger ist als ihre Verbindung zum Weltall: Poesie und Geschichten verbinden die Menschen und machen die Leere dieses Jahrhunderts erträglicher. Ich glaube, dass hinter jedem Krieg verbitterte und zornige Männer stehen, die keine Poesie kennen, die keine Geschichten lesen und denen Literatur überhaupt fremd ist – das in ihren Seelen angestaute Gift entladen sie in Gestalt von Gewehrkugeln. Liebe Tanasgol, hast du nicht auch das Gefühl, dass es den Menschen in der heutigen Welt an Mitgefühl mangelt und sie voreinander davonlaufen?

Ich habe mir einige Videoclips angesehen, in denen du Gedichte rezitierst. Obwohl ich aufgrund meines begrenzten deutschen Wortschatzes viele Worte nicht verstanden habe, fand ich deine Lesungen ganz wunderbar. Ich wüsste zu gern, welche Art von Poesie du magst und wer deine Lieblingsdichter sind. Und wieso überhaupt Gedichte?!

Ich liebe Poesie. In der Schule war die erste Dichterin, deren Biografie ich gelesen habe, Forugh Farrochzad. In jenen Jahren, in denen überall – in der Schule, zu Hause, in der Stadt – ein gutes Mädchen vor allem ein braves und folgsames Mädchen war, lehrte mich Forugh Neugier, Freiheit und Mut. Ich habe mich länger mit ihrer Persönlichkeit und dem Grund für ihr Aufbegehren beschäftigt. Zumindest habe ich von ihr gelernt, für meine Wünsche zu kämpfen – und auch, dass die Welt nicht untergeht, wenn das Essen anbrennt oder der Strom ausfällt. Schon, dass ich ein Buch in der Hand halten und darin lesen kann, genügt mir, es macht das Leben aus.

Ich schreibe diesen Brief aus einer kleinen, aber schönen und grünen Ortschaft. Bad Berleburg war einst wohl wegen seiner Bäder und heißen Quellen berühmt, heutzutage erinnern sich jedoch nur noch wenige daran. Natürlich ist der Ort wegen seiner guten Luft, seiner Hügel und üppigen grünen Wälder ein gutes Ziel für einen Ausflug oder für verschiedene Freizeitaktivitäten. Einmal sah ich eine Schar Rehe zwischen den Bäumen umherstreifen. Ich war so begeistert, dass ich unwillkürlich »Salâm gavaznhâ! Hâle-tân chetour ast?«[2] ausrief. Hinterher habe ich den ganzen Tag über mich selbst gelacht und mir gesagt, dass sie ja kein Persisch verstehen, ich sollte besser Deutsch lernen!

Jetzt, da ich dir diesen Brief schreibe, ist es elf Uhr abends. In der Dunkelheit kann ich außer dem Bildschirm des Laptops und dem Licht, das von den Straßenlaternen in mein Zimmer fällt, nichts erkennen. Uneindeutigkeit, Dunkelheit und Stille kennzeichnen die Nacht, so wie das Licht den Tag. Ich liebe die Stille der Nacht mehr als alles andere. Wirklich, liebe Tanasgol! Hast du schon einmal dem Klang der Nacht gelauscht? Oder nachts unter freiem Himmel geschlafen und die Sterne betrachtet?

Mein letztes eindrucksvolles Bild einer Nacht liegt vier Jahre zurück. Ich lag mit meinem Bruder unter dem freien Himmel von Bamiyan und wir beobachteten die Sterne der Milchstraße. Nachdem wir über Buddha gesprochen hatten, kamen wir zu dem Schluss, dass die Nacht noch weitaus schöner und wunderbarer ist als der Tag, so wie der Klang der Nacht für mich der beruhigendste Klang ist. Seitdem sind einige Jahre vergangen und ich habe danach nie wieder eine so schöne und friedvolle Nacht erlebt.

Jetzt, während ich diesen Brief schreibe, ist Frühling. Es regnet und ich lausche dem Klang der Nacht durch die Regentropfen hindurch, die an mein Fenster prasseln. Ein langes, andauerndes Pfeifen, gepaart mit Schwärze. Die Grillen zirpen und die hohen, stolzen Bäume tanzen im Herzen der Dunkelheit ganz langsam im Rhythmus des Windes. Ich denke an den abgeschnittenen Stamm des gefällten Baums vor meinem Fenster: Für ihn gibt es weder den kleinen Vogel, der singt und auf und ab hüpft, noch irgendein Blattwerk, das für ihn tanzt. Da ist nichts als Dunkel, das ausreicht, diesen seelenlosen Stamm zu verschlucken.

Vielleicht liegt es ja an genau dieser Schwärze, dass so wenige Menschen von der Nacht fasziniert sind, und je kleiner die Städte, desto schwärzer und stiller sind sie.

Die Stadt, in der ich lebe, ist zum Beispiel tagsüber grün, freundlich und voller Menschen, aber nachts verwandelt sie sich in eine Geisterstadt. Es ist, als lägen die Menschen hier mit der Nacht im Krieg: Noch vor 20 Uhr schließen sie alle Türen und Fenster wie Gefängnistore vor der Nacht, die elektrischen Laternen stehen da wie seelenlose Soldaten, die für die Patrouille leuchten, und niemand wagt es, die Absperrung zu übertreten. Arme Nacht, die so ein trauriges Schicksal hat in dieser Stadt!

Aber, liebe Tanasgol, so sehr ich die Nacht auch liebe, so sehr laufe ich auch vor ihr davon – so wie der Baumstamm im Garten in der Nacht verschwindet. Seltsam, nicht? Wie ist es möglich, etwas gleichzeitig zu lieben und zu verabscheuen?! Wie paradox ist das! Wenn ich die Erinnerungen meines Lebens zusammenfüge, werde ich selbst wie dieser Baum. Oder vielleicht ist das Leben aller Menschen, die ihre Erinnerungen, ihr Leben, ihre Träume in einen Rucksack packen und gehen, dem Stamm dieses Baums ähnlich. Sie fliehen vor der Nacht, um den Morgen zu erreichen, aber das Ankommen scheint unmöglich. Und selbst wenn sie es schaffen, sind sie im Dunkel der Nacht verschwunden und zerbrochen, so dass sie keine Kraft mehr haben, ihren Morgen zu erblicken, ihre Träume sind fort.

Obwohl seit dem Fall Kabuls mehr als zwei Jahre vergangen sind und ich am fernsten und sichersten Ort der Welt atme, obwohl meine Tage grün sind und meine Zukunft möglicherweise rosig, sind meine Nächte doch noch immer mit Kabul verbunden. Nachts in meinen Träumen wandere ich immer noch durch Kabuls Gassen, ausgelassen tanze und lache ich in meinem blauen Kleid auf den Hügeln unter dem blauen Himmel. Doch plötzlich bricht die Nacht herein und ein Mann mit einer Peitsche in der Hand läuft hinter mir her. Ich renne und renne und renne, doch ich komme nicht an. Da öffnet sich plötzlich eine Tür. Dort steht meine Mutter, die mich zu sich ruft. Ich lache und laufe zu ihr, aber dann scheint es, als wären plötzlich die Türen verschwunden und meine Mutter unerreichbar. Ein Talib tritt wie ein Dorn aus einer Zimmerecke hervor und lacht mich aus mit seinen gelben Zähnen und seinem struppigen Haar. Ich schreie nach meiner Mutter. Dann wache ich auf.

Schau her, liebe Tanasgol! Die Geografie kann die Schwarzweißträume einer Migrantin genauso wenig bunt einfärben wie der Stamm des gefällten Baums im Garten eines Tages wieder zu einem lebendigen Baum werden kann.

Ich bin mit meinen Gedanken bei den Frauen und Mädchen in Kabul, deren Tage während dieser zweieinhalb Jahre immer wie die Nacht sind, ihre Nächte schwärzer als alle Nächte dieser Welt. Die Nacht, in der Kabul fiel, verfolgt mich im Schlaf, und während ich dies schreibe, habe ich manchmal das Gefühl, meine Nachbarin weinen und klagen zu hören, die flehte: »Verschont uns, um Gottes willen! Wohin bringt ihr uns? Wir sind doch für niemanden von Nutzen.« Dann das Geräusch einer Kugel im Herzen der Dunkelheit, anschließend eine lange Stille und ein Atem, der die letzte Luft aushaucht.

Es tut mir leid, liebe Tanasgol, dass ich über solch scheußliche Dinge schreibe und deine Stimmung trübe. Manchmal komme ich einfach nicht von diesen Albträumen los, oder besser gesagt: Ich kann nicht vor mir selbst fliehen. Die ganze Zeit habe ich mir vorgenommen, meine Worte in die Farbe und den Glanz der Hoffnung und der Freude zu hüllen, damit der bittere Geschmack von Krieg, Migration und Trauma, vom Zurücklassen und Weggehen darin keinen Platz findet, aber das scheint nicht möglich.

Mir fiel ein Gedicht von Qanbar Ali Tabesh ein, in dem es heißt:
»Der Mensch ist kein Vogel,
der, welche Grenze er auch überquert, eine Heimat findet.«
Als ich in Kabul lebte und dieses Gedicht las, sagte ich mir:
Heimat ist nicht mehr als eine Illusion.
Der Mensch besteht aus Staub und Wind.
Wo der Wind weht und die Erde tanzt,
genau dort befindet sich die Heimat.

Man sagt, dass der Mensch das, was er hat, erst dann zu schätzen weiß, wenn er es verliert. Das kommt meiner heutigen Lebenserfahrung recht nahe.

Aber ich habe immer noch Hoffnung und denke an morgen. Jeden Tag, nachdem ich die Nachrichten gehört habe, gehe ich in die Küche, koche und bereite Tee zu. Nachmittags trinke ich gern Tee am Fenster und schaue auf den kleinen Vogel und jenen Baumstamm. Ich zähle die Sekunden bis zu dem Tag, an dem der Baumstamm wieder zum Leben erwacht und seiner Seele Grün verleiht und seine Blätter im Wind tanzen. Meine Mutter sagt immer: Die Welt ist auf Hoffnung gegründet. Also versuche ich, im Herzen der Nacht Hoffnung zu finden und voller Zuversicht zu sein für all diejenigen, die ihre hoffnungsvollen Augen auf mich richten.

Ich hoffe, dass du beim Lesen dieses Briefes in deinen Worten und in deinen zukünftigen Gedichten an all die Frauen und Mädchen in Kabul denkst, denen seit zweieinhalb Jahren das Recht, die Schule und die Universität zu besuchen, genommen ist, denen das Leben, die Freude, das Licht und die Freiheit vorenthalten werden. Ihre Stimmen sollen Gehör finden, damit ihre toten und verlorenen Seelen im Trubel des Alltags in diesem Jahrhundert erwachen können. Ich hoffe, dass wir Frauen bei den uns folgenden Generationen eine Welle des Erwachens auslösen können.

Liebe Grüße
Marie

Berlin, 17. Juni 2024

Liebe Marie,

es ist später Nachmittag. Ich habe eine Freundin in einem Café getroffen, ich habe mit fünf Menschen telefoniert, habe Dinge auf meiner To-do-Liste abgearbeitet, war einkaufen, ich habe gekocht und habe mir mit einem Messer tief in den Finger geschnitten.

Wie du siehst, habe ich nun wirklich alles getan und es bleibt nichts anderes übrig, als mich an den Tisch zu setzen und diesen Brief zu schreiben, eine Antwort auf deinen so schönen letzten Brief. Nicht, dass du mich missverstehst: Ich zögere nicht, dir zu schreiben, weil ich dir nicht schreiben möchte. Ich zögere das Schreiben hinaus. Ganz allgemein und immer. Ich habe vor Kurzem in einem Gespräch gesagt, dass Schreiben für mich viel mit Verzicht zu tun hat. Ich habe den Satz einfach so gesagt und jetzt denke ich seit Tagen darüber nach, ob das stimmt und was das heißt.

Ein Gedicht selbst kann man ja als Verzicht verstehen: Das Verzichten auf lange Sätze, auf ausufernde Beschreibungen, auf Füllwörter, auf Platz. Man wird sich aus dem Wenigen schon auch einen Reim machen können. Das Wenige, das Kleine, das Enge, der Rand. Vielleicht ist daraus die Literatur gemacht, die ich liebe, und vielleicht versuche ich deshalb auch mit dem zu arbeiten, was da ist; das bisschen Luft.

Aber ich meine auch den Verzicht auf das Schreiben, obwohl man eigentlich schreiben müsste. Weil eine Abgabe bevorsteht, zum Beispiel. Weil die Umstände es erfordern, weil es sein muss, weil da etwas ist, das sich aufdrängt, das geschrieben werden will, das sich wie gegen eine geschlossene Tür wirft, die klemmt. Und dann aber nicht zu schreiben. Diesem Gefühl Einhalt zu gebieten, warum auch immer. Die meiste Zeit alles andere zu tun, nur nicht zu schreiben, nie.

Ich hatte vor Kurzem Geburtstag und eine Freundin hat mir ein Buch geschenkt, über das ich mich sehr gefreut habe. Es war ihre eigene Ausgabe des Buchs und überall an den Rändern stehen noch ihre Notizen. Ich lese sie immer mit, als gehörten sie zum Text, auch wenn mir ihre Bedeutung oft verborgen bleibt, weil sie einer eigenen Logik folgen, der Logik des exakten Augenblicks, in dem diese Freundin dieses Buch gelesen hat, vielleicht vor vielen Jahren.

Mich hat es sehr gerührt, so ein intimes Geschenk zu bekommen, und ich habe das Buch, das eigentlich auch ein Brief ist, gelesen und begonnen eigene Notizen an den Rand zu schreiben. In dem Buch geht es auch um Verzicht und die Autorin, eine Dichterin, vielleicht kennst du sie, Marina Zwetajewa, schreibt, dass der Verzicht die *Triebfeder* ihrer Handlungen sei.

Ich denke daran, wie lange es dauert, bis ich mir nach dem ersten Hungergefühl etwas zu essen mache. Wie lange ich warte, manchmal Tage, bis ich den Kopfschmerzen mit Tabletten nachkomme. Der Verzicht begleitet mich täglich, das Ertragen einer Situation,
    die Sturheit darin. Vielleicht ist es ein Zwang, vielleicht meine Triebfeder, wer weiß.

Uns beiden geht es gleich: Auch ich habe seit Jahren niemandem einen Brief geschrieben. Geht es dir auch so, dass du noch nicht so richtig weißt, wie du klingst in einem Brief?

Jeden Tag schreibe ich unzähligen Menschen Nachrichten und E-Mails, kommuniziere mit ihnen auf unterschiedlichste Weise mit Emojis und Text und Audio, und für alles habe ich eine mir bekannte Sprache zur Hand. Und dann sitze ich vor diesem Dokument und möchte dir schreiben und komme mir albern vor in der Ausformulierung, in den sprachlichen Gesten.

Deine Briefe habe ich aber so gern und beide nun schon so oft gelesen, immer wieder bewundernd. Es gibt diese Momente, in denen ich glaube, deine

MARIE BAMYANI UND TANASGOL SABBAGH

literarische Schrift zu erkennen, also die Art und Weise, wie du deine Texte schreibst, wie du an Gedanken und Sprache herangehst. Es macht mir große Freude, den Bewegungen dieser Schrift zu folgen – auch das ist sehr intim. Und das, obwohl ich deine Briefe zuerst übersetzt lese, sie in einer anderen Sprache als derjenigen, in der du sie schreibst, zu mir kommen.

Zwetajewa hat einmal in einem Brief an Rilke über das Schreiben in einer anderen Sprache gesagt: *Dichten ist schon übertragen, aus der Muttersprache – in eine andere, ob französisch oder deutsch wird wohl gleich sein. Keine Sprache ist Muttersprache. Dichten ist Nachdichten.*
Ich mag diese Vorstellung sehr gern, so erlebe ich meine eigene Sprache auch, dort wo sie sich übersetzt, von meinem Mund auf das Papier oder in ein Dokument, auf die Bühne oder in ein Gespräch. Nicht weil sie sich anpasst und immer eine komplett andere Sprache wird, sondern weil sie zulässt, dass sie nicht diese *eine* Sprache ist, dass sie formbar bleibt und ich sie immer neu formen kann.

Ich frage mich, wie es für dich ist, in einem Land zu schreiben, in dem du die Sprache, die du überall um dich herum hörst, erst lernen musst. Bringt dich das näher an die Sprache, in der du schreibst, weil sie dadurch privater wird? Ändert sich deine Sprache durch die Klänge der neuen? Vielleicht im Rhythmus und in der Melodie? Vermisst du es, auf der Straße zu hören, was du in deinen Träumen vielleicht sprichst?
Ich stelle mir vor, wie du Brecht, den du in deinem Brief zitierst, das erste Mal auf Farsi gelesen hast, vielleicht hast du auch schon versucht einen seiner Texte auf Deutsch zu lesen.
Ich erinnere mich an den Moment auf dem Friedhof Père-Lachaise, das Begräbnis eines Genossen meines Onkels vor einigen Jahren, wie alle die *Internationale* auf Farsi singen. Wie rührend Übersetzungen eigentlich sind: eine Bemühung, Dinge über Zeit und Raum zu verbinden, auch wenn es abwegig wirkt. Um zu zeigen, dass sie doch verbunden sind.

Ich frage mich manchmal, warum ich bei all dieser Freude und Lust an Sprache dennoch so selten schreibe. Oder solche Angst vor dem Schreiben habe. Oder es mir verwehre, zu schreiben.

Du sagst in deinem Brief, dass du immer neugierig bist, dass du immer fragst und die Hintergründe kennen möchtest. Ich finde das wirklich schön! Als Kind wurde mir der Unterschied zwischen *konjkāv* und *fozoul* nie richtig erklärt – *fozoul* bekam ich viel öfter zu hören, mal liebevoll, mal wütend, wenn ich versuchte einen Blick zu erhaschen, wo mein Blick nicht gewünscht war, oder einen Moment länger einem Gespräch zu lauschen, das nicht für mich gedacht war. Beide Wörter übersetzt man auf Deutsch mit neugierig. Und wegen der Gier, die in diesem Wort steckt, habe ich das andere Wort eine Weile lang ganz vergessen: *konjkāv*, diese offene Art der Neugier, ein Tasten nach dem, was noch da sein könnte, hinter den Dingen, die man vor sich liegen sieht. Ich hatte Neugier als etwas abgespeichert, das sich nicht gehört, und irgendwann auf die Fragen verzichtet, die mir in den Sinn kamen. Seinen Platz zu kennen, die Grenzen nicht zu überschreiten, auch darum ging es.

Was du schreibst, ist sehr traurig: diese *Geschichten von Flucht, Exil, Angst, Demütigung, Kampf und Widerstand*, wie du sie in dir trägst, über Generationen hinweg. Dass du niemals zur Ruhe kommst – wie auch?

Weißt du, es steht zwar in keinem der Bücher in meinem Regal, aber von meiner Familie kenne ich auch Geschichten. Geschichten, die mir vorausgegangen sind und die der Grund für mein Leben in diesem Land geworden sind. Geschichten, die Seite an Seite stehen mit den Kämpfen um Gerechtigkeit und ums Überleben, die wir täglich mitverfolgen.

Sicher hat mein Schreiben mit Verzicht zu tun, weil ich mit diesen Geschichten aufgewachsen bin. Es sind Geschichten, die nie in ihrer Gänze erzählt wurden, die nur in Nebensätzen aufgetaucht sind, als Randnotiz, und ich habe mich nicht getraut, weiter zu fragen.

Liebe Marie, du bist mit deiner Neugier auf einer guten Spur, ich glaube, ich will es dir gleichtun. Mehr fragen, mehr hören, mehr sehen. Mehr schreibenschreibenschreiben.

Ich glaube nämlich, mein Blick ist ein wenig eingeschränkt in letzter Zeit. Die Brutalität und die Ungerechtigkeit, die wir mitansehen, in Afghanistan, in Palästina, im Libanon, in Syrien, in Kurdistan, im Sudan, im Kongo. Die Videos, die Bilder, die einseitigen oder fehlenden Berichterstattungen dazu. Die Kriegsstimmung in diesem Land. *Die Abgestumpftheit, die Gefühllosigkeit*, wie du in deinem Brief schreibst, der Anblick sozialdemokratischer Wahlplakate mit Flaggen und Panzer in meinem Kiez.

All das verschlägt mir die Sprache.

Ich weiß: Die Bedingungen, unter denen wir leben und arbeiten, wirken sich auf unsere Sprache aus, ändern und formen sie. Und ich merke, wie etwas in mir sich komplett zurückzuziehen droht. Ich will das nicht zulassen. Denn es gibt noch so viel. Es gibt diejenigen, die unermüdlich arbeiten, die sich organisieren, die sich schützend vor andere stellen, die wachsam sind und kämpfen. Die mir das Gefühl geben, dass es so vieles schon gibt, und so viel, das erst noch erträumt werden muss. Die Fülle, das Überbordende, das Nichtendenwollende – auch daraus ist die Literatur gemacht, die ich liebe. Du siehst, irgendwie versuche ich eine Form für mich zu finden, um all dem begegnen zu können. Wie gehst du damit um?

Jetzt habe ich so wenige deiner Fragen beantwortet, aber ich trage sie trotzdem alle ganz nah bei mir, überlege mir derweil vielleicht auch Namen für meine Pflanzen, so wie du, und lerne das Schreiben noch mal neu, auch wenn es vielleicht vorerst bei Notizen an den Rändern von Büchern bleibt. Oder eben bei Briefen.

Vielleicht hast du ja Lust, mir noch einmal zu schreiben, ich würde mich sehr freuen, ich bin so gern in deinen Zeilen und zähle mit dir die Sterne in Bamiyan.

Deine Tanasgol

Den ganzen Briefwechsel können Sie hier weiterlesen: *https://weiterschreiben.jetzt/briefe/*

Rabab Haidar

Welche Farbe hat der Beton?

Übersetzung aus dem Arabischen von Sonja Jacksch

Welche Farbe hat der Beton?
Er trägt die Farbe der Tafelkreide,
die wir aus unserer eintönigen Schule stahlen
oder beim Krämer für ein paar Groschen kauften.
Sein Schuldbuch war dicker als das des Schulaufsehers.
Wir malten Himmel und Hölle
auf dem Gehweg und den Straßen zwischen den verwaisten Autos,
auf den Dächern der Gebäude, von DDR-Architekten entworfen,
auf den Innenhöfen der Wohnprojekte.
Die für Kinder zum Spielen gedacht waren, so die sowjetischen Experten,
doch ohne Spielzeug taugten sie nur für Himmel und Hölle und Staub.

Wir malten auch Häuser mit Ziegeldächern, ganz anders als unsere Häuser.
Wir malten sie von Gemälden ab, die wir nicht kannten,
wie die Kunstlehrerinnen es von uns verlangten.
Wir malten eine rote Kirsche, einen grünen Apfel, eine gelbe Banane.
Doch aus irgendeinem Grund konnten wir keine Banane bekommen,
konnten auch die sowjetischen Kinder keine Banane bekommen,
konnten auch die Kinder der DDR keine Banane bekommen.

Immer, wenn der Regen die Kreide fortwusch, oder die Füße unachtsamer
    Passanten,
stahlen wir wieder Kreide, um unsere Stadt neu zu bemalen, die sich von den
    Städten der Erwachsenen unterschied.
Der Regen kam und ging und diejenigen, die nach uns kamen,
erbten bunte Kreidestädte
und bemalten den Beton weiter mit den Farben der Ziegel, Kirschen, Bananen
    und Äpfel.
»Und wenn das nun alles war,

dann lasst uns zusammen tanzen
und unsere Gläser erheben ...«, heißt es in einem Lied.
Zum Wohl!

Weinten die Mütter denn ständig?
Anfangs nicht.
Die Sonne brannte vom Himmel nieder,
die kleinsten Dinge warfen lange Schatten,
sie schienen riesig, wie die Berge.

Die Mütter waren wütend auf die Männer und über unsere Noten.
»Das Zeugnis allein wird euch schützen«, sagten sie den Mädchen
und sorgten sich wegen Reis-, Butter- und Gaspreisen.

Die Mütter weinten, wenn die Toten unserer Kriege erwachten
und zwischen den kümmerlichen Bäumen standen, die die Stadtverwaltung
    nicht goss.
Wegen mangelnder Finanzierung und ein wenig Korruption,
vor dem Krieg und nach dem Krieg,
egal, wer gerade regierte.
Die Toten standen nur da und schauten uns zu.
Sie erinnerten sich, dass der Beton die Farbe der Schulkreide trug.
Das Weinen der Mütter beunruhigte sie,
das Stehen machte sie müde.
Warum gießt denn keiner die Bäume, damit sich unsere Toten auf ihren Ästen
    ausruhen können?

Und die Mädchen?

Wir hüpften
von einer Sehnsucht zur nächsten, zwischen Freunden und Freundinnen,
zwischen quadratischen Gebäuden, zwischen heimlichen, schnellen Küssen im
    Türeingang.
Die Nachbarn und Nachbarinnen sahen zu.
Ihr Morgen gedieh mit dem Geruch nach Kaffee und unseren Neuigkeiten,
während wir Gedichte lasen, Lieder hörten und fast an der Liebe starben.
An der Liebe starben wir nicht,

wir wurden älter und bekamen unsere Zeugnisse, unsere einzigen Schutzschilde,
wie die Mütter sagten – wir glaubten ihnen nicht.

Und die Straßen? Jene, auf denen die Kinder ihre Städte malten?
Von Träumern gebaut, von Tyrannen versperrt.

Und die Bars und Cafés?
Gekritzelte Erinnerungen unter dem Anstrich, auf den der neue Besitzer
    bestand.
Nur der Kellner erinnerte sich an uns,
ein Soldat des Geheimdienstes.
Er betrog uns mit der Rechnung, wenn wir zu viel tranken,
und wir verziehen ihm, wenn wir erwachten,
er zahlte das Taxi und gab dem Fahrer die Adresse –
unsere Adresse, die wir vergaßen und der Kellner behielt.
Welch großmütiger Mann.
Man sagt, er leide nun an Alzheimer ...

Ist das wirklich so passiert?
Natürlich, ja, vielleicht, nein!
Die Erinnerung trügt wie die Kunst des Schlangenbeschwörers!

Und die Nostalgie?
Ist wie ein Fluss, die Illusionen rauschen und tosen davon.

Die Wahrheit?
Ganz sicher? Kennt sie niemand.
Vielleicht kennt sie Gott. Ein angenehmes Vielleicht!
Und die Leute?
»Die Leute schlafen und wachen erst auf, wenn sie sterben.«

Das war alles.
Zum Wohl!

Straßen   Ich rettete viele Straßen,
indem ich sie mitnahm

Aus den vielen Wohnungen, die ich verloren habe, sind mir nur die Rückenschmerzen geblieben. Neue Matratzen lohnten sich nie, so bekam ich stattdessen neue Schmerzen. Mit jedem Schlafplatz verlor ich auch Nagelknipser, Papiere, leere Dosen, verdorbenes Essen und meine alten Lieblingsklamotten. Mit jedem neuen Bett kam ein neuer Gott, der die Fremden um mich herum beherrschte. Irgendwann verlor ich auch meine Neugier auf die neuen Götter. Sie kennenzulernen wurde genauso interessant wie die Bekanntschaft mit einem Fahrkartenkontrolleur.

Ahmad Katlesh

Die Straßen auf meinem Rücken

ÜBERSETZUNG AUS DEM ARABISCHEN VON KERSTIN WILSCH

Immer wieder nehme ich mir vor, meinen alten, wertvollen Schlüsselanhänger für eine Wohnung zu benutzen, die mir gefällt. Doch dann finde ich den neuen Schlüsselanhänger aus Plastik schön genug und gebe den Schlüssel zurück, wie er war. Mit jeder neuen Wohnung lerne ich die Sprache der neuen Türen und verliere meine Stimme. Ich entdecke eine neue Angst und freue mich über sie. Mit jeder neuen Sprache überwinde ich auch diese Angst und hege neue Träume und Erwartungen. Bis ich auch sie wieder an eine neue Angst verliere, die mich auf die folgenden Jahre vorbereitet.

Die Wege, auf denen ich lief, zogen mich groß. Resigniert trug ich sie auf meinem Rücken, wo sie alt wurden. Ich gehe durch mein Leben mit erhobenem Kopf und krummem Rücken.

Ich rettete viele Straßen, indem ich sie mitnahm
Rettete sie vor Beschuss
vor neuen Besitzern
vor Wahlplakaten

Die Wege, auf denen ich nicht gelaufen bin, als ich es hätte tun sollen, spüre ich wie Pressluftbohrer, die auf meinen Rücken hämmern, um die Städte zu wecken. Mit ihren Fahrzeugen, ihren Menschen, ihren Verkäufern. Mit all dem

Streit der Nachbarn und der Eltern. Mit dem Weinen der Mütter um ihre Söhne, die am Telefon einen Scherz über die Frauen des neuen Landes machen.

Die Wege lehrten mich, in der Nacht schneller und gegen die Fahrtrichtung zu laufen.

Sie brachten mir unvollständige Lieder bei ... ich hörte ein paar Takte aus einem vorbeifahrenden Auto, die ich dann sang, bis aus einem anderen Wagen wieder etwas anderes erklang. Kein einziges Lied beherrsche ich ganz.

Ich wuchs auf, ohne mir Namen zu merken, Buchtitel, Namen von Schauspielern, Weggefährten. Dafür prägte ich mir den Geruch jeder Hand ein, die meine berührte. Die Hand des Freundes, die Hand der Geliebten, die Hand des Liedes, des Wortes, der Stadt, die Hand Gottes.

Die Erinnerung liegt in meiner Hand
Immer, wenn ich eine Hand suche
spüre ich in meine hinein, bis ich die andere riechen
und mir ihren Weg auf den Rücken laden kann

Ich laufe
mit den Straßen auf meinem Rücken und der Erinnerung in meiner Hand

Habe mich mit I. getroffen, wir waren den ganzen Tag spazieren. Wir waren in der Orangerie, danach im Wald. I. rettete die ganze Zeit Schnecken, räumte sie vom Weg – und es gab dort unheimlich viele davon. Wir setzten uns ans Seeufer, redeten über allen möglichen unseriösen Quatsch. I. bezahlte die ganze Zeit für mich, sie sagte, ich sei zu Gast, und wir scherzten, dass ich gerade kaum Chancen habe, sie nach Minsk einzuladen und mich zu revanchieren mit Gastfreundschaft.

Nasta Mancewicz

Der Schritt hinein
in die Schwere

ÜBERSETZUNG AUS DEM BELARUSSISCHEN
UND RUSSISCHEN VON TINA WÜNSCHMANN

Wir lachten darüber, dass ich in ihrer Schuld stehe und dass mein Wunsch, mich um sie zu kümmern und ihr etwas Gutes zu tun, der letzte noch fehlende Tropfen sein würde, der das Regime zum Einsturz bringt. Wir fuhren Achterbahn und Riesenrad – es war sehr warm und schön. Fast wie in der Kindheit. Die letzten Sommertage, die letzten Tage in Kyjiw. Ich fühlte mich gut und warm an I.'s Seite, wollte näher an ihr sitzen, ihren Arm berühren, doch ich traute mich nicht, etwas zu sagen oder zu zeigen. Das ist der Ort, an dem ich allein bleibe. Dann fuhren wir zu Bekannten – und ich gab mich völlig auf. Diese ganze Sache, dass dir scheint, alle verachten und hassen dich. Dass sie weiterhin ihre Zeit mit dir verbringen, liegt daran, dass sie Mitleid haben (diese angewiderte Art Mitleid), wie wenn du nicht an einem sterbenden Insekt vorbeigehen kannst, obwohl es Abscheu in dir hervorruft. Bin ich etwa wie diese Schnecke? Ich denke, dass die Menschen mich lieben. Ich weiß das. Ich weiß, dass es in mir etwas Gutes und Wehrloses gibt, das ich nicht verbergen kann und das auch auf die Menschen um mich herum entwaffnend wirkt. Ich selbst bin es, die mich quält und hasst. Die Menschen lieben mich durchaus. Doch auch an diese Liebe kann ich kaum glauben. Zumal ich mich nach einer ganz anderen Liebe sehne. Ich will, dass man von mir begeistert ist, Erregung empfindet, Bewunderung, dass man mich berühren und Sex mit mir haben will.

*

Ich bin in Minsk. Ich verstehe noch nicht ganz, wohin ich zurückgekehrt bin und was ich hier tun soll. Die Menschen verlassen Belarus in Massen. Manche halten sich an der Hoffnung fest, dass sie zurückkehren, aber vielleicht wird es auch nichts mehr geben, wohin man zurückkehren kann. Sie werden nicht zurückkehren ... So fließen auch meine Gefühle aus mir heraus. Sie hatten mich mit Freude und Leben gefüllt, jetzt verlassen sie mich – diese Biester. An ihrer Stelle erscheinen und wachsen Leere und Kälte. I. hat mich gestern in Kyjiw zum Bahnhof begleitet, was mich so mit Wärme und Liebe erfüllte, dass ich diesen Abend ins Unendliche ausdehnen will – wie alles in meinem Leben, das ich einst liebte.

*

Ich sitze im Café und warte auf mein Getränk »Aufwärmer«. Habe die Wohnung zeitig in der Früh verlassen, weil mich wieder diese erdrückende Angst befallen hatte, dass sie mich »holen kommen«. Das stete Gefühl der drohenden Gefahr. Ich möchte mich so verstecken, dass mich niemand je findet. Doch diesen Raum kann ich nur in mir selbst schaffen und dorthin fliehen. Oder eben dieses Café finden und mir vorgaukeln, dass mir hier (während ich hier bin) nichts Schlimmes passieren wird. Ich bin in Sicherheit.

Aus unserem Team sind nur T. und ich noch in Belarus. Wir begannen uns öfter zu besuchen, ich fühle mich in ihrer Wohnung warm und sicher – wahrscheinlich macht die Anwesenheit einer Mutter mit Säugling einen Raum per se zu einem sicheren Ort. Die Wiege in der Mitte des Raumes, darin das friedlich grunzende Baby, schönes Dämmerlicht fällt herein und bricht sich an den Wänden. Am letzten Samstag kam ich zu T. zu Besuch, wir redeten bis Mitternacht, ich wollte nach Hause fahren, da sagte T. – Du kannst hier übernachten, da, auf dem Sofa. J. stört nicht beim Schlafen. Und ich wollte so gern Teil ihres Mikrokosmos sein. Nirgendwohin fahren. In dieser Wohnung bleiben, wo im Nebenzimmer eine Mama und ihr Baby schlafen – und mich auch ein Zipfel ihrer Liebe bedecken würde. Doch ich bestehle natürlich keine Säuglinge. – »Ein andermal«. Ich ziehe die Jacke an und gehe hinaus in die Nacht.

Am nächsten Tag tauchen im Netz sehr unangenehme Informationsflüsse (Denunziationen) auf, ich lege mich in die Badewanne, um mich aufzuwärmen, schreibe T. und frage sie – »Wie geht's dir?« T. antwortet – »Bin wie gelähmt.« »Wenn du willst, komme ich zum Übernachten?« »Ja.« Da ist es, dieses »Andermal«, gewürzt mit Abschiedsschmerz und dem Betrauern des gestohlenen Lebens. T. weinte die ganze Zeit. Einen Tag später waren sie schon in Georgien.

*

Wenn ich mich endgültig entscheide, in Belarus zu bleiben, fürchte ich, dass in diesem Moment etwas in mir unumkehrbar sterben wird.

*

Ich will endlich so entkräftet sein, dass ich für alles bereit bin. Kann ich diesen Grad an (welches Wort wähle ich hier) Akzeptanz, Selbstaufopferung, Mut, Starrsinn, Überzeugung, Absonderlichkeit, Erschöpfung erreichen – um bereit zu sein für eine Durchsuchung, ein Verhör, eine Festnahme – für die Konfrontation mit dieser Macht und diesem Bösen –, ohne zu zerbrechen, ohne mich zu fürchten, ohne in Verlegenheit zu geraten, sondern mich selbst bewahrend? Ich lese von den Folterungen, die die Menschen weiterhin in den Gefängnissen erleiden – es ist sehr furchterregend. Furcht davor, dass ich dort nicht stark sein kann. Dass ich verlegen werde, zerbreche. Dass ich die Menschen um mich herum nicht unterstützen kann, dass meine schlechtesten Eigenschaften hervorkriechen. Dass ich hinterher mit diesem Wissen über mich selbst nicht mehr leben kann. Oder dass ich es kann.

*

Noch bin ich frei, noch haben sie mich nicht. Diese Gedanken nehmen den Großteil der Zeit ein – und ich denke, ob das einen Sinn hat (welchen), bin ich vielleicht mehr wert (was), und wer legt das fest – was mehr ist und was weniger? Ich denke darüber nach und finde dennoch keinen anderen Weg für mich, oder ich weiß einfach, dieser ist meiner. Ich erinnere mich, wie S. sagte (nicht lange vor der Katastrophe), als sie begannen, gegen uns Unterschriften zu sammeln – dass wir uns politisieren müssen, andernfalls vernichten sie uns in einem Atemzug, wenn sie nur wollen. Sie sprach über LGBTQ-Aktivismus, und all das fand im ganzen Land statt. Mein Ziel und Lebenssinn war, mir einen Platz in Belarus zu schaffen. Nicht in ein »Ghetto« zu gehen (diese Vergleiche haben mich immer erzürnt), sondern ganz konkret – mit meinem Körper, meiner physischen Anwesenheit, meiner Stimme – einen Platz für mich zu schaffen. Wahrscheinlich habe ich dieses Ziel (in irgendeinem Sinn) auch jetzt noch – täglich meine Anwesenheit hier zu behaupten. Meinen Platz einzufordern. Und vielleicht bin ich wirklich wie ein Blatt am Baum – beeindruckt von dem, was umher geschieht, bin ich an Ort und Stelle erstarrt, kann nirgendwohin und beobachte alles schweigend – und im Frühling werde ich wieder hier sein, nachwachsen – auch wenn das keinen Sinn ergibt. Doch eine Wahl gibt es auch nicht.

*

Ein großes Leid ist geschehen, eine Tragödie. Manchmal gelingt es, sich zwischen alldem einen Platz zum Leben freizuschaufeln. Manchmal gelingt es nicht ... So wie gestern ... Zum Abend hin implodierte förmlich alles. Und ich bin wieder in der Hölle. Und höre nicht auf, darin zu sein. Es war schmerzhaft, die Reaktionen der Leute auf S.'s Verhaftung zu lesen. Schmerzhaft für ihn. Ein Kommentar heiterte mich auf (über Freiheit und Treue). Ich wünschte, man würde meiner Entscheidung hierzubleiben mit diesem Respekt begegnen, darin etwas Größeres sehen als »Dummheit« und »Leichtsinn«, die tieferen Werte darin erkennen. All das wird enden, so oder so wird es enden. Mit vielen Opfern, schwerwiegenden Traumata, für deren Bearbeitung das Leben nicht reichen wird, aber es wird enden. Die Kräfte sind einfach schon dem Ende nah.

Ein weiteres unangenehmes Gefühl, das ich empfunden habe – ist die fast tierische Freude oder Erleichterung, wenn du Nachrichten über die nächste Verhaftung liest und statt mit diesem Menschen zu leiden, findest du Details in seiner Geschichte, die von deinen eigenen abweichen – und suchst weiterhin nach Erklärungen, warum sie die anderen geholt haben, dich aber nicht. Ich will das nicht. M. hatte schon recht, als sie sagte, dass im Konzentrationslager alles so gemacht ist und funktioniert, dass der letzte Rest Menschlichkeit in dir abgetötet wird. Und das ist ein Ticket ohne Rückfahrt, alles hängt nur davon ab, welche Schmerzgrenze der Mensch hat. Doch früher oder später bricht jede*r. Manche sterben einfach vorher ... Und manche schaffen es bis zur Befreiung.

*

Gestern bin ich in Wilejka angekommen, niemand hat mich am Bahnhof erwartet – ich wusste nicht, ob jemand kommt oder nicht, aber innerlich habe ich wohl erwartet, dass Papa mich abholt. Im Gehen schien mir, dass er dort neben dem Auto steht (so eine einsame Gestalt) und auf mich wartet – und diese Erscheinung schmerzte mich so – Liebe erfüllte mein Herz und zerbrach es schließlich. Egal was – Schnee, Sturm, Nacht, welche Gedanken und Sorgen in mir sind – er steht dort und holt mich vom Zug ab – eine dunkle, einsame Gestalt inmitten einer verschneiten Stadt, die sich schon schlafen gelegt hat. Ich ging hin, doch er war es nicht – und mein Herz zerbrach ein zweites Mal (und ich weiß nicht, ob ich erklären kann, warum) – wohl vom Gefühl der Tiefe der eigenen Einsamkeit – davon, dass die Liebe *schon stattgefunden hat.* Sicher, mein Papa, der mich in der verschneiten Heimatstadt erwartet – ist in mir. Doch warum erzeugt dieses Bild solchen Schmerz in mir ... So oder so, es gibt noch etwas, jenseits dieser ungreifbaren, unfassbaren Sinne zwischen uns – ergreifend, heiß, nicht einmal nahekommen kann man ihnen, ohne sich zu verbrennen, muss immer einen gewissen Abstand halten. Es gibt Mama und Papa, die durchs Haus gehen (die Stille, die dort vorher war, füllt sich allmählich mit Geräuschen), sie klopfen an Türen, kommen ins Zimmer, unterbrechen mein Schreiben, rufen zum Essen ...

*

Wenn ich versuche, Wörter zu finden, die (in denen) mich beherbergen (ich mich verkörpern kann), dann sind das diese – <u>mir tut es leid</u>. Sogar unterstreichen wollte ich das. Was tut mir leid? Nun, alles ... Dass alles so ist. Ich will wieder in die Kindheit, dass es die Möglichkeit gäbe, alles zurückzuholen, dass alle am Leben wären, jung, voller Hoffnung und Pläne für die Zukunft, dass ich nicht so viel über das Ende nachdenke. Ich habe P. in der Stadt getroffen, sie fragte – Warum kommst du nicht mal bei uns vorbei? Da bin ich, ganz ehrlich, ausgetickt. Ich war überzeugt, dass es keinen Ort mehr gibt, wohin man gehen kann. Aber es gibt ihn noch, wie es scheint. Als bestünde die Stadt aus mehreren Schichten und man muss ein Geheimnis kennen, um diese Türen sehen und öffnen zu können. Dann sah ich eine Bekannte aus meiner anderen Vergangenheit – wir grüßten einander nicht, doch auch sie war noch hier, genau wie P., und wie ich ... Und manchmal, wenn ich zum Gartenbaukurs ging, es wurde schon dunkel, da sah ich unterwegs in einem Fenster einen Bekannten – wir waren nicht gut bekannt, und ich mochte ihn nicht einmal besonders, doch ihn in diesem Fenster zu sehen war schön. Es gibt noch lebendige Menschen hier. Die Stadt ist in eine Menge Flicken zerfetzt. Deshalb treffe ich auch so viele verschiedene Menschen aus verschiedenen Zeiten ... Oder bin ich die Zerfetzte?

Dieser Text entstand auf der Grundlage von Tagebuchaufzeichnungen aus dem Zeitraum März 2021 bis Februar 2022.

NASTA MANCEWICZ

Galal Alahmadi

Ein Hund in der Gasse

Übersetzung aus dem Arabischen
von Leila Chammaa

In jeder kalten Gasse
gibt es einen Hund,
der bellt,
als würde er es schon immer tun.
Hunde, die in kalten Gassen leben,
bellen alle gleich,
lieben dasselbe Weibchen,
sterben plötzlich.
Immer wenn ein Gassenhund verschwindet,
kommt auch einer von uns abhanden.
Jeder hat einen Hund, der zähnefletschend das Leben seines Herrn verteidigt.
Deshalb schwören Mütter auf diesen Hund
und Großmütter beten,
dass sein Gebiss kräftig ist.
Die Hunde in der kalten Gasse erhören die Bitte.
Wird einer von seinem jungen Herrn verlassen,
stoßen ihn die Artgenossen aus.
Mit der Zeit verlernt er das Bellen,
sein Schwanz fällt ab wie Herbstlaub,
die Haut löst sich.
Er kauert sich zusammen,
wird zu Stein.
Dann kommen die Mütter und rollen ihn sanft den Hügel hinab,
unten angelangt, heben sie ihn auf die Schultern und singen.
Sie verschwinden im Wald,
nach ein oder zwei Nächten erscheinen sie wieder,
in den Armen ein neues Kind.
Jahre später ist das Kind groß,
seine Mutter nimmt es mit in den Wald,
kurz darauf kommt das Kind heraus und geht,
gefolgt von einem Hund, in die kalte Gasse.

Die Präsenz einer lesenden Person im Display dieser Ausstellung erinnert an eine Collage: eine Intervention von außen und eine aufgeklebte Zugehörigkeit. Beides ist relevant. Die Schichten der Collage wirken wie willkürliche und zugleich sehr durchdachte Überlappungen. Künstlerisch ist die Collage mit dem Mosaik verwandt, und sind sie nicht beide ideale Formen zur Darstellung von Geschichte?

Kateryna Mishchenko

Sackgasse

»Zufällig« fühle ich mich hier also nicht. Auch deshalb nicht, weil das Ereignis in meinem Land, das Menschen wie Figuren einer Collage aus dem Leben ausschneidet, einer der Ausgangspunkte der Reflexionen zur Ausstellung »Roads not Taken« ist. Ich meine die russische Invasion im Februar 2022.

Ende September. Vor elf Jahren war ich zum letzten Mal auf der Krim, vier Tage Urlaub. Zum ersten Mal in Gursuf, einer Stadt, die bekannt ist für ihre schwule Szene. Baden am Strand von Tschechows Datscha. Die russische Besetzung der Krim 2014 wurde international nicht als Beginn des Krieges anerkannt. Doch jede Meeresküste ist seitdem eine Erinnerung an das Ende des Friedens. Heute schaue ich zurück; nicht um zu fragen, wann und was hätte anderes getan werden können, sondern um mich in dieser verwirrten Kontinuität zu platzieren und als Teil des neuen Wirbels der europäischen Geschichte wahrzunehmen.

Ende des Jahres 2013 war ich auf dem Unabhängigkeitsplatz von Kyjiw, noch ohne mir im Entferntesten vorstellen zu können, wie der ukrainische Aufstand, bekannt als Maidan-Revolution, mich bald verändern würde. Viel wichtiger als die persönliche ist natürlich die soziale Veränderung, die nach diesem Aufstand möglich wurde. Und die mit dem russischen Krieg zunichte wird. Immer mehr Menschen aus der Maidan-Generation sterben. Wenn ich heute zurückschaue und dann mich wieder in die Gegenwart einfinde, verstehe ich, dass die russische Gegenrevolution in der Ukraine erfolgreich voranschreitet. Das darf man wahrscheinlich als Ukrainerin nicht laut sagen. Ich sage das auch nicht sehr laut, weil ich noch hoffe, dass gesellschaftliche Emanzipation im Sinne der Maidan-Revolution oder eines neuen ukrainischen Projektes in der Zukunft wieder möglich sein wird. Momentan freunde ich mich mit den Flashbacks aus der Zeit der Hoffnung an.

Ich spreche über Hoffnung und stehe hier. Am bestmöglichen Ort dafür.

Heutige Ukraine-bezogene Diskurse sind neblig und dazu etwas collagenhaft: Mal redet man über Verhandlungen, mal über den Wiederaufbau, den Sieg, mal über die Müdigkeit und einen sehr langen Krieg. Das Tagträumen von der Zukunft wird bevorzugt, es offenbaren sich Verlorenheit sowie die Angst vor jedem Umbruch. Diese Sackgasse ist keine Tür in die Narnia. Sackgasse ist Sackgasse, zu spät heißt zu spät. Es gibt wahrscheinlich kein Zu-spät für die Geschichte in langfristiger Perspektive, aber doch für einzelne Leben und für politische Entscheidungen, die Leben schützen könnten. Das englische Wort für Sackgasse, *dead end,* ist sehr präzise. Mit dem *Ende* wird auch seitens des faschistischen Russlands gespielt. Seine nukleare Erpressung, also die Androhung des Endes, sorgt für die zynische Strategie des »Eskalationsmanagements« – bzw. für ihre Rechtfertigung seitens Europas. »Wir werden die Ukraine unterstützen, solange es nötig sein wird.« Wie lange ist das nötig und für wen? Wenn das Verstreichen der Zeit hunderte von menschlichen Leben kostet, ist das nicht an sich ein Argument dafür, der Erpressbarkeit ein Ende zu setzen? Aber welches Ende genau? Vielleicht das Ende der aktuellen Strategie, die nur dosiert unterstützt, die dosiert interveniert und die Ukraine vor »zu frechen« Schritten warnt. Doch welche Zukunft kann man einem Land versprechen, dessen Grenzen heute verblutete Frontlinien sind und das bei seinem Widerstand immer wieder an eigene Grenzen kommt? Es ist zu spät für die westlichen Mächte, sich als Humanisten zu präsentieren. Aber auch zu spät, sich zu distanzieren oder mit Selbsttäuschung zu befrieden.

Das Bild der Ukraine als einer Schatzkammer unglaublicher Geschichten der Tapferkeit, der Opfer oder des Leidens, wie es gern gezeichnet wird, hat sich überlebt. So eine Schatzkammer durfte und darf nicht existieren. Menschen dürfen nicht an ihre eigenen Grenzen gebracht werden, um ihre Menschlichkeit zu beweisen. Eine Menschlichkeit, die für eine aktive, handlungsermächtigende Anerkennung oder, besser, anerkennende Handlung möglicher Retter trotzdem nicht ausreicht. Die Sackgasse zu sehen und einzusehen, heißt, sich herauszufordern, eine neue realistische Strategie zu entwickeln, schmerzliche Entscheidungen zu treffen. Schmerzlich nicht im Sinne von *Schmerz antun,* sondern im Sinne von *den Schmerz der anderen wahrnehmen.* Durch den Krieg wird mehr von der »ukrainischen Subjektivität« gesprochen als früher. Was ist aber diese ukrainische Subjektivität in der Wahrnehmung anderer Akteure, die die Menschen in der Ukraine retten können? Und was ist die westliche, amerikanische, globaldemokratische Subjektivität? Was sind ihre Grenzen? Sind sie ungefähr dort, wo die westliche Grenze der Ukraine liegt?

Nuklear ist das neue Rot, Rot für die Linien, die die Solidarität mit der Ukraine nicht überschreitet. Manchmal ist das ukrainische Blut rot genug, um die Linie etwas zu erweitern und mehr Solidarität zuzulassen. Wie zuletzt nach dem Beschuss der Kinderklinik in Kyjiw. Danach kam zusätzliche Luftabwehr. Man hört immer lauter von den Rechtspopulist*innen, dass Geflüchtete, vor allem ukrainische Männer, die im Moment im Ausland sind, zurückfahren sollen, um zu kämpfen. Für ihr eigenes friedliches Leben in Europa anscheinend. Was ist das, wenn nicht eine ethische und menschliche Sackgasse?

Es ist zu spät für Einbildungen, aber es ist höchste Zeit für Imagination. Zu spät für den Mythos, die europäischen Werte würden auf ukrainischem Boden verteidigt – denn dieser Boden ist blutrot. Doch ist es nicht an der Zeit, über Mythen zu streiten. Man muss handeln. Jetzt handeln. Es ist Zeit, sich in die Offenheit der Geschichte wirklich einzuleben und bereit zu sein, sich ethisch und politisch neu zu entfalten.

KATERYNA MISHCHENKO

Briefwechsel zwischen Daryna Gladun und Asal Dardan

ÜBERSETZUNG AUS DEM UKRAINISCHEN VON CLAUDIA DATHE

Dartmouth, 27. Oktober bis 7. November 2022

Liebe Asal!

Die letzten Tage waren besonders schwer, auch wenn ich nicht glaube, dass bis zum Ende des Krieges leichte Tage kommen werden. Die vergangene Woche schien mir dennoch schwerer als alle Steine dieser Welt zusammen.

Am 27. Oktober vor zehn Jahren ist mein Vater gestorben. Wir hatten kein besonders enges Verhältnis. Wir haben uns nur einige Male im Jahr gesehen, obwohl wir in derselben Stadt wohnten.

Und nun trage ich schon seit zehn Jahren Tag für Tag seinen Tod mit mir herum.

Das ist wie mit dem Frieden: Ich habe nie so oft an ihn gedacht wie nach dem 24. Februar. Genau wie mein Vater ist der Frieden in meinem Leben immer dagewesen. Ich konnte mir gar nicht vorstellen, dass ich irgendwie anders leben könnte ... bis mein Vater starb und zwei Jahre später der Krieg begann ... Ich war allerdings nicht sofort davon betroffen. In den ersten paar Tagen hatte ich die Angst, Kyjiw könnte bombardiert werden, aber schon einen Monat später hatten ganz normale Alltagssorgen diese Angst verdrängt. Allmählich wurde der Krieg im Osten der Ukraine zu einem so normalen Umstand in meinem Leben, wie es der Frieden bis 2014 gewesen war. Was die Binnenflüchtlinge erzählten, war unvorstellbar! Es passte einfach nicht in mein Weltbild. Mit jedem einzelnen Fingernagel krallte ich mich am Frieden fest. Selbst noch im vergangenen Jahr, als meine Bekannten im Herbst allmählich Vorbereitungen für den

Krieg trafen, versuchte ich mich an den Frieden zu klammern, als ob das etwas änderte.

Jetzt ist es genau umgekehrt: Ich klammere mich an den Krieg wie an einen Faden, der mich mit meiner Familie und meinem Zuhause verbindet. Ich trage den Krieg täglich bei mir und erinnere alle daran. Die Leute fragen mich, wo ich diesen netten Rucksack gekauft habe. Ich antworte: »In der Ukraine. Mit diesem Rucksack bin ich aus Butscha aufgebrochen.« Ich werde gefragt: »Woher hast du denn die Jacke?«, und ich sage: »Aus der Ukraine. Das ist meine Glücksjacke. Ich habe sie auf der Flucht vor dem Krieg getragen.« Dann hören die Fragen auf – keiner fragt nach den Schuhen, obwohl das die Schuhe sind, in denen ich am Abend des 24. Februar das Haus verlassen habe. Sie waren damals so gut wie neu. In ihnen bin ich in den wahrscheinlich letzten Vorortzug aus Butscha gestiegen und bis an die Grenze der Gebiete Kyjiw und Schytomyr gefahren. In ihnen habe ich die lange Fahrt zu meiner Mutter nach Chmelnyzkyj unternommen. In ihnen bin ich aus Chmelnyzkyj aufgebrochen. In ihnen habe ich in einem kalten Evakuierungszug 28,5 Stunden an der ukrainisch-polnischen Grenze gestanden. Der Regionalzug, mit dem ich Butscha verlassen habe, war paradoxerweise wärmer und hatte gepolsterte Sitze. Der Flüchtlingszug war kalt und hatte Holzbänke ... In diesen Schuhen kam ich nach Kolbuszowa, Rzeszów, Krakau, Warschau, Frankfurt (O.), Berlin, Potsdam, Frankfurt (M.), Brünn, Wien, Göteborg, Stockholm, Uppsala, in ihnen bin ich in die USA geflogen ... Meine ganze Odyssee hat sich in diesen Schuhen zugetragen. In ihnen habe ich mein Zuhause verlassen, in ihnen werde ich nach Hause zurückkehren.

Aber nach den Schuhen fragt keiner, liebe Asal.

Ich klammere mich jetzt viel mehr an das, was ich von zu Hause mitgenommen habe. Und wenn der Gegenstand auch noch so unnütz sein mag. In den acht Monaten habe ich mit Sicherheit nichts weggeworfen.

Von den Dingen, die ich im Exil erworben habe, kann ich mich leichter trennen: Sie kommen und gehen – ich weine ihnen nicht nach. In der letzten Woche ist mir ein Anhänger kaputtgegangen, den ich in Berlin gekauft hatte. Das war nicht schlimm, hat mir nur ein bisschen leidgetan. Aber als ich einen Ohrring verloren habe, den ich 2017 in einem Atelier in Odessa gekauft hatte, bin ich in Tränen ausgebrochen und konnte mich lange nicht beruhigen.

Seit dem Beginn der Großinvasion gab es nur einen einzigen Gegenstand, den ich von zu Hause mitgebracht hatte und jemandem gegeben habe. Es ist die ukrainische Fahne, die mir meine Mutter vor ein paar Jahren geschenkt hatte.

Noch im Januar hatte ich sie in meinen Notkoffer gepackt und dann immer mitgenommen, bis ich in Brünn Oksana Stomina aus Mariupol kennenlernte und ihr die Fahne schenkte.

Seitdem hängt die Fahne in Oksanas Wohnung in München und ich stelle mir vor, wie sie nach dem Ende des Krieges bei ihr zu Hause in Mariupol hängen wird. Dieser Gedanke macht mich glücklich.

Deine Daryna

Berlin, 27. November 2022

Liebe Daryna,

ich kann nicht anders anfangen als zu gestehen, dass ich mich gerade sehr klein fühle. Und dann erreicht mich Dein Brief, der von so viel Größe berichtet. Meine Gedanken fingen an, sich in ihm zu verstecken, als könnten seine Worte mir eine Herberge bieten. Ich muss aber meine eigenen finden, wenn ich hier nicht weiterhin klein und allein sitzen möchte.

Auf der Startseite der deutschen Nachrichtensendung Tagesschau stehen an erster Stelle zwei Schwerpunkte nebeneinander: die Ukraine und der Iran. Die beiden Länder, in denen wir zur Welt gekommen sind, liebe Daryna. Du berichtest in Deinem Brief, wie Du am 24. Februar Dein Land verlassen hast, welche Odyssee Du seitdem in Deinen Schuhen hinter Dich gebracht hast. Du schreibst, wie wichtig Dir all jene Kleidungsstücke sind, die Du bereits in Deiner Heimat besessen hast; dass Du Dich an ihnen und auch am Krieg festklammerst wie an einem Faden, der Dich mit Deiner Familie und Deinem Zuhause verbindet. Ich wünsche Dir, dass Kleidung bald nur noch Kleidung ist und dieser Faden sich wieder in Frieden verwandelt. Ich weiß, dass die Gewalt und Aggression, die mit dieser Invasion in Dein Land kamen, dadurch nicht ungeschehen gemacht werden. Aber aufhören sollen sie, damit der Schrecken von der Zukunft ablässt. Erinnern muss man so oder so.

Der erste Satz meines Buches »Betrachtungen einer Barbarin« lautet: »Meine Flucht ist eine Erzählung, keine Erfahrung.« Die Schuhe, die ich an jenem Tag getragen haben mag, waren kaum mehr als ein Accessoire. Ich hatte zwar noch im Iran das Laufen gelernt, aber an jenem Tag bin ich wahrscheinlich vor allem getragen oder in einem Kinderwagen gefahren worden. Was meine Eltern auf ihrer Flucht aus dem Iran nach Deutschland mitgebracht haben, weiß ich nicht. Es kann nur sehr wenig gewesen sein. Ich weiß auch nicht, ob sich noch irgendetwas davon in ihrem Besitz befindet. Seitdem sind über vierzig Jahre vergangen.

Ich besitze ein einziges Kleidungsstück, das für mich eine Verbindung zu meiner Herkunft darstellt, auch wenn es vermutlich noch nie im Iran getragen wurde. Es ist eines der Seidentücher meiner Großmutter, ein schwarz-weiß gemustertes. Sie trug es als Kopftuch, wie es auch andere Christinnen tun. Sie nahm es nie ab, auch nicht zu Hause oder im Kreis der Familie. Sie lebte im Irak und im Iran, einige Jahrzehnte in Schottland und die letzten Jahre ihres Lebens in den USA und in Deutschland. Man würde sie dennoch nicht als Kosmopolitin bezeichnen. Sie hatte keine nennenswerte Schulbildung, sprach kaum Englisch, setzte sich nicht in Bezug zu ihrem Umfeld. Ich kann mir meine Großmutter nicht allein auf der Straße vorstellen, wie sie bummeln gegangen wäre oder sich mit Freundinnen in einem Café getroffen hätte. Ihr Leben war ein begrenztes Leben in einem Zuhause, das jemand anderem gehörte. Ein Leben für andere – ihre Eltern und Geschwister, ihren Ehemann, ihre Kinder, ihre Enkelkinder.

Ich trage ihr Tuch immer um den Hals, wenn ich krank werde. Ich trage es so lange, bis ich mich wieder gesund fühle. Mit diesem Ritual habe ich mir einen Faden erdacht. Grotesk, dass es genau solch ein Stück Stoff ist, das seit nunmehr 43 Jahren symbolisiert, wie Frauen im Iran schikaniert, unterdrückt und sogar straffrei ermordet werden können. Durch die Flucht meiner Eltern wurde ich vor einem Leben in solchen Verhältnissen bewahrt. Geblieben sind mir Echos meiner Muttersprache und ein Gefühl der Verantwortung, dem ich nicht gerecht werde. Der Iran ist nicht mein Land und schon gar nicht mein Zuhause. Aber die Menschen gehen mich etwas an. Darum widerspreche ich nicht, wenn man mich eine deutsch-iranische Autorin nennt. Vermutlich ist auch das kaum mehr als ein erdachter Faden, aber er kreiert eine Verbundenheit, die mir viel bedeutet.

Du erwähnst zum Ende Deines Briefes die ukrainische Dichterin Oksana Stomina, die Du in Brünn kennengelernt hast. Ich weiß nicht, ob Ihr Euch zufällig begegnet seid oder nicht. Ich glaube, durch unsere Sprachen und Texte finden wir glücklicherweise immer wieder andere, die verstehen, ohne dass wir alles erklären müssen. In den letzten Wochen habe ich mich intensiv mit Menschen ausgetauscht, deren Familiengeschichten in den Iran und nach Kurdistan führen. Bei diesen Begegnungen geht es nicht um Herkunft, sondern um Zusammenhalt. Sie helfen gegen das Gefühl des Kleinseins, liebe Daryna.

Ich bin dankbar, dass ich die Adressatin Deines Briefes bin. Er wird mich noch lange begleiten. Schickst Du mir ein Foto Deiner Schuhe?

Deine Asal

Dartmouth, im Winter

Liebe Asal,

der Winter in Vermont ist genauso kalt und schneereich wie in meiner Kindheit.

Als ich klein war, dachte ich, Schnee sei ein festliches Gewand, das unsere Welt nur während der Feiertage trägt. Ich muss zugeben, dass die »Welt« meiner Kindheit nicht über Chmelnyzkyj und seine Vororte hinausreichte. Ich wusste noch nicht, dass die Jahreszeiten nicht in allen Teilen der Welt zur gleichen Zeit wechseln. Ich konnte mir nicht vorstellen, dass irgendwo zu Weihnachten kein Schnee liegen könnte ...

Der Schnee wurde von Jahr zu Jahr weniger. Ich bekam keine Lammfellmäntel und Pelze, keine riesigen kratzenden Pullover und Handschuhe mehr, und in einem Jahr musste der Schneefiguren-Wettbewerb im Stadtpark ausfallen, weil es »kein Material« gab.

So viel Schnee wie jetzt gerade, hier draußen, habe ich zum letzten Mal im Frühjahr 2013 gesehen. In dem Winter hatte es nicht besonders viel geschneit, aber dafür fiel Ende März so viel Schnee, dass man auf den Hauptstraßen von Kyjiw Snowboardfahrer sah. Im darauffolgenden Frühling war die Krim schon von Russland annektiert und in der Ostukraine herrschte Krieg – das war nicht der rechte Zeitpunkt, über den vorjährigen Schnee zu sinnieren.

In Butscha hat es letztes Jahr nicht besonders viel Schnee gegeben. Er ist nicht lange liegengeblieben und ziemlich schnell wieder getaut.

Als ich am 24. Februar von zu Hause geflohen bin, hatte ich große Angst, dass es schneien könnte. In einem Schneesturm kannst du dich leicht verirren, besonders im Wald. Und wenn der Schneesturm nachlässt, kannst du dich nirgends verstecken, weil die Spuren im frisch gefallenen Schnee dich verraten. Auch wenn ich entkommen wäre, hätte ich mich also kaum verstecken können.

Aber als der Schnee kam, war ich schon weit weg von der Frontlinie – ich stand an der Grenze zu Polen an einer wärmenden Feuertonne. Bei den Tonnen mussten die anderen Geflüchteten und ich an die Revolution der Würde denken. Acht Jahre danach waren unsere Gesichter wieder erhitzt, unsere Winterkleidung roch wieder nach Feuer, wieder waren wir nachts nicht zu Hause, aßen aus Wegwerfgeschirr das, was andere für uns gekocht hatten, und hofften, dass am nächsten Morgen alles vorbei wäre, dass wir gesiegt hätten und glücklich nach Hause zurückkehren könnten ...

Ich muss jetzt oft an die Revolution der Würde denken, denn sie war es, die mich zur Dichterin gemacht hat. Zuvor hatte ich Prosa geschrieben. Aber während der Revolution hatte ich nicht einmal genügend Zeit, um zu schlafen, von der Zeit, die ich für einen Roman oder wenigstens eine Erzählung gebraucht hätte, ganz zu schweigen. Außerdem kam es mir vor, als würden die Wörter sich in den langen Sätzen eher verstecken, als etwas zu sagen. Ich fing also an, Gedichte zu schreiben, weil sie mir als die ehrlichere künstlerische Form vorkamen. Ich bin immer noch der Ansicht, dass ein Wort in einem Gedicht viel mehr wiegt als ein Wort in einem Roman. Je kürzer ein Text ist, desto schwerer wiegt jedes einzelne Wort. Selbst dieser Brief an Dich wäre viel dichter, wenn es weniger Wörter gäbe, die das überdecken, was mich eigentlich umtreibt, und zwar:

1. Ich bin immer noch nicht zu Hause.
2. Ich bin elf Monate nicht zu Hause gewesen.
3. Ich vermisse mein Zuhause.
4. Es geht mir gut da, wo ich jetzt bin.
5. Ich fühle mich schuldig, weil es mir gutgeht.
6. Einige meiner Bekannten sind im Krieg gefallen.
7. Mein Stiefvater hat einen Einberufungsbefehl bekommen, wurde aber aus gesundheitlichen Gründen zurückgestellt. Er hat Alzheimer.
8. Meine Mutter hat einen Notkoffer gepackt.
9. Meine Oma und mein Opa werden sich unter keinen Umständen evakuieren lassen.
10. Ich schiebe die Beantwortung von Briefen und Interviews hinaus, weil ich hoffe, dass der Krieg bald zu Ende ist und ich dann nicht mehr antworten muss.
11. Der Krieg geht nicht zu Ende. Ich halte die Deadlines nicht ein.
12. Deswegen habe ich Dir lange nicht geantwortet. Entschuldige bitte!

DARYNA GLADUN UND ASAL DARDAN

Ich arbeite im Moment an dem Drehbuch für »Die Erde ist weich« über die Geschichte meiner Familie und den Krieg. Zuerst dachte ich, ich könne diese Aufgabe leicht bewältigen, weil ich mir sicher war, alles über meine Familie zu wissen.

Ich wusste zum Beispiel, dass meine Urgroßmutter Maria mit zwanzig Jahren fliehen musste. Sie floh vor der Besatzung durch die Nazis aus der Ukraine nach Kasachstan. Dort wurde meine Großmutter Switlana geboren. Marias Mann Uljan wurde im Krieg zweimal verwundet – die Wunden an seinem Bein verheilten nicht, und er ging vierzig Jahre lang an Krücken.

Ich wusste, dass meine Mutter Olga in der Nacht vom 14. auf den 15. Juli 1989 auf dem Flughafen von Suchumi gelandet ist. Am 15. und 16. Juli kam es in Suchumi zu einem bewaffneten Konflikt zwischen Georgiern und Abchasiern. Damit sie ihre Eltern zu Hause anrufen konnte, passierte sie die Checkpoints in einem Kofferraum. Sie war damals 22 Jahre alt.

Als Kind habe ich mir oft die alten Familienalben angeschaut. 2021 habe ich sogar eine Expedition unternommen, um Familienzeugnisse zu sammeln. Doch als ich anfing, das Drehbuch zu schreiben, wurde mir klar, dass ich außer ein paar Geschichten, die immer wieder erzählt wurden, eigentlich nichts wusste. Ich sah in meinen Angehörigen immer die Älteren, und ihre Erfahrungen waren für mich weit weg, fremd und unverständlich. Maria habe ich als leidende alte Frau in Erinnerung, die ans Bett gefesselt war. Als sie ihre Geschichte über den Zweiten Weltkrieg erzählte, habe ich sie mir so vorgestellt. Wenn meine Großmutter und mein Großvater Geschichten über den Zweiten Weltkrieg erzählten, stellte ich sie mir als Großvater und Großmutter vor und nicht als vier- und sechsjährige Kinder. Als Kind habe ich ihren Erzählungen wie Gutenachtgeschichten gelauscht und konnte mir nicht vorstellen, dass ich irgendwann sagen würde: »Ich habe mit eigenen Augen einen Bombenangriff gesehen – wie meine Urgroßmutter.«

Maria erzählte oft von einem Flüchtlingszug, der von Flugzeugen beschossen wurde, und von einem Rom, der nach dem Beschuss, den Maria überlebt hatte, seine ganze Familie auf dem Feld begrub. Ich hörte mir diese Geschichten an und hatte keine Angst, denn Maria erzählte sie persönlich, und deswegen wusste ich, dass sie nicht tödlich enden würden. Selbst als sie mir berichtete, wie sie meine Großmutter auf einer Holzbank in einem Bahnhof zur Welt gebracht hatte und ein Feldscher mit Wundbrand und eine Frau mit doppelseitiger Lungenentzündung, die während der Geburt starb, sie entbunden hatten, wusste ich, dass mit Maria und dem Neugeborenen (meiner Oma) nichts Schlimmes passieren würde – sie würden den Zweiten Weltkrieg überleben und in die Ukraine zurückkehren. Ihre Lebensgeschichten flossen für mich mit den Märchen vom paradiesischen Ei und von der bösen Stiefmutter ineinander, mit Aschenputtel und Blaubart. Egal wie gefährlich ihre Abenteuer, wie widrig die Umstände waren, ich wusste im Voraus, dass sie gut ausgehen würden.

Erst jetzt ist mir klargeworden, dass die schlimmsten Geschichten über Kriege und bewaffnete Konflikte jene sind, die keiner mehr erzählen kann. Wenn mir meine Mutter in diesen Tagen berichtet, wie das Leben in der Ukraine ist, weiß ich, dass ihre Geschichten gut ausgehen, weil sie noch am Leben ist. Ich schreibe Dir von meinen Erfahrungen, und mit meinen ersten Zeilen weißt Du, dass auch meine Geschichte gut ausgeht, und ich weiß, dass auch Dein Brief gut ausgeht, selbst wenn es für uns beide im Moment keine leichte Zeit ist.

Menschen, deren Geschichten tragisch enden, können sie weder erzählen noch aufschreiben. Da ist zum Beispiel die Geschichte darüber, wie sich eine Familie zu einer Feier versammelte, eine Rakete in ihr Haus einschlug und die ganze Familie umkam. Wie eine junge Frau am 31. Dezember 2022 auf dem Nachhauseweg bei einem Angriff umkam. Wie eine alte Frau in den Bombenkeller ging und im nächsten Moment tot war. Neben der Toten lag ihre Nachbarin. Hunderte ukrainische Kinder werden ihren Enkeln und Urenkeln nie von ihrer Kindheit im Krieg erzählen, weil sie nie erwachsen werden und nie Kinder oder Enkel haben werden, weil sie im Krieg umgekommen sind.

Manchmal überzieht der Winter die Wunden der frischen Gräber mit Schnee. Jetzt denke ich, der Schnee ist ein Verband, den die Erde auf unsere Seelen legt, damit wir das Leben ein bisschen leichter ertragen können. Der Schnee schluckt die Geräusche, aber er schluckt auch einen Teil unseres Schmerzes, unserer Trauer und unserer Schwermut. In dem Drehbuch, an dem ich arbeite, wird es viel Schnee geben und viele Überlegungen zum Leben nach dem Krieg. Ich hoffe, dass der Krieg in der Ukraine zu Ende ist, wenn ich mit dem Drehbuch fertig bin.

Hoffnungsvoll
Daryna

Liebe Daryna,

ich danke Dir, dass Du mir schreibst, auch wenn dadurch die Zeit, die seit dem 24. Februar vergangen ist, sich noch einmal in all ihrer Länge – all ihrer Kürze – zeigt. Bald ist es ein Jahr.

Ich habe keine Vorstellung vom Krieg, davon wie das Empfinden in der Minute nach einer Bombardierung ist, wie man versucht, es mit dem Empfinden in der Minute davor in Verbindung zu bringen. Ich kenne aber das Anhalten – der Zeit, des Atmens, des eigenen Lebenswillens, der dann doch nur stärker in einem pocht. Darüber habe ich vor zwei Jahren einen Text geschrieben, der in einem Magazin erschien. Heute wundere ich mich darüber, dass ich es getan habe. Diesen Moment einfach preisgegeben habe.

Ich war sechs Jahre alt, meine Eltern waren beide weg, aus unterschiedlichen Gründen in unterschiedlichen Krankenhäusern. Ich saß in der Badewanne unserer Hochhauswohnung und wusste nicht, wie lange sie wegbleiben würden. Eine gute Freundin meiner Mutter war in dieser Zeit bei mir, sie löste unsere alte Wohnung auf und suchte eine neue, in der ich dann mit meiner Mutter leben würde. Damals gab es noch keine Mobiltelefone und unser Festnetztelefon war bereits abgemeldet. Sie ging also zu einer Telefonzelle, um ein paar Anrufe zu machen. Ich sollte baden und mir die Haare waschen. Aber ich hielt den Atem an. Für mich war klar, dass auch sie nicht wiederkommen würde, dass ich mir nun überlegen musste, wer sich von nun an um mich kümmern konnte. In Gedanken ging ich die Nachbarswohnungen durch, stellte mir vor, die Klingel zu bedienen, legte mir die Worte zurecht. Aber ich blieb sitzen und hielt den Atem an.

Du hast Recht, Daryna, egal, wie diese Geschichte weitergeht, sie geht gut aus. Gut genug. Weil ich nicht erstickt bin, weil ich auch heute noch atme. So wie Du. Wir schreiben beide Texte, wir arbeiten an Projekten, die uns bereichern und uns erlauben, in die Welt zu treten, mit ihr in Verbindung zu bleiben. Wir können in die Vergangenheit blicken und aus ihr Geschichten machen.

Als wir uns im Dezember bei der Lesung für *Weiter Schreiben* trafen, gabst Du mir ein paar Postkarten. Sie gehören zu einem Projekt, an dem du gemeinsam mit Lesyk Panasiuk arbeitest. Wie Schneekugeln vor weißem Hintergrund sieht man jeweils eine kleine, stille Szenerie aus unterschiedlichen Objekten, die sich unter einem Glas oder einem Glasbehälter befindet: Ein militärgrüner

Plastiksoldat – der aussieht wie jene, mit denen meine Kinder spielen, dessen Fuß auf eine tote Motte zu treten scheint; gehärteter Honig, der drohend über dem Kopf eines anderen Plastiksoldaten hängt; Plastiksoldaten gefangen in einem Einkaufnetz in knalligem Orange – durch die Maschen sieht man vereinzelte Köpfe oder Waffenhälse. Doch es sind auch Alltagssachen, etwa ein dickes Büschel dunkler Haare oder verschrumpelte Kartoffeln, die wie graue Steine zwischen kurzen Zweigen und Betonbrocken liegen. Wie angehaltener Atem, so wirken deine Postkarten.

Man wünscht sich dieses große Netz, das sich in all seiner knalligen Bestimmtheit über die Soldaten legt, über diesen hässlichen Krieg, über diesen Schrecken. Wie schwer es ist, nicht an der Verachtung zu ersticken, die man für die Macher dieses Krieges empfindet. Für jene, die nun Geld machen mit ihm, damit, dass Menschen andere Menschen töten und wiederum andere sie beerdigen müssen. Ich weiß nicht, wie man das aushalten soll, dass einzelne Leben für wertlos erklärt werden – dabei halten wir es ja aus, schon immer.

Wir arbeiten daran, glaube ich, uns davon moralisch nicht deformieren zu lassen. Das ist, was bleibt. Dass man immer noch in der Lage ist zu sagen, welches Unrecht es bedeutet, dass am 31. Dezember 2022 ein Mädchen auf ihrem Heimweg einem Granatenbeschuss zum Opfer fiel. Ein Mädchen, das nicht mehr erwachsen werden wird, sich nicht mehr entfalten kann, um herauszufinden, was für ein Mensch es sein möchte. Ein Mädchen, das nun nicht mehr atmet. Diese Lücken prägen unsere Gesellschaften, kein Wort und keine Tat können sie schließen oder ihr einen Sinn verleihen. Ich wünsche mir manchmal, dass jene, die diese Opfer zu verantworten haben, jeden einzelnen Namen und jede einzelne ausgelöschte Lebensgeschichte auswendig lernen müssen. Sie müssen sie immerfort aufsagen, ihr eigenes Leben diesem brutalen Gedicht widmen.

Aber es gibt Hoffnung, weil wir uns dieser Namen und Lebensgeschichten bewusst sein können, uns gegenseitig finden können in diesem Bewusstsein. Vielleicht wissen wir nicht alles über sie, können ihren Verlust ohnehin niemals wiedergutmachen. Aber wir schenken einander ein Wort, einen Brief, eine Postkarte oder eine Umarmung, reichen uns die Hand, versuchen uns gegenseitig das Atmen zu erleichtern.

Ich habe kürzlich einen Einblick darin gekriegt, wie ein Leben aussieht, das sich dem entzieht, wie leer und einsam es dann ist. Es gibt nämlich Menschen, die nicht für andere da sein möchten. Aber gegen das Unmenschliche, gegen Kälte und Hass und Einsamkeit und Krieg kann man nicht nur im Abstrakten sein, Widerstand muss man leben. Ansonsten vermeidet man zwar, den Schmerz zu fühlen, aber man nimmt sich auch jede Möglichkeit, ihn zu überwinden.

Ich verstehe Deine Hoffnung, weil ich in Dir einen Menschen sehe, der all das weiß und lebt, auch wenn es schmerzt, auch wenn man monatelang nicht aufatmen kann. Ich wünsche Dir, dass diese Hoffnung Dich weiterhin trägt, sogar durch die schwersten Tage, bis Dein Projekt und auch dieser Krieg beendet sind. Der Krieg wird enden, er muss enden.

Deine Asal

Städte

Lass uns
die Stadt teilen:
Du den Erdumfang,
ich die Erfüllung

Jeder hat sein Granada[3] *und jeder sein Damaskus, das er liebt und verlor.*

Abdalrahman Alqalaq

Flashback

ÜBERSETZUNG AUS DEM ARABISCHEN
VON LEILA CHAMMAA

Hier in diesen Gassen am Rhein nachts allein nimmst du alles wahr. Hinter den Fenstern wohlgeordnet weiße Orchideen. Drinnen das Licht ausgeschaltet – weil die Bewohner es so möchten und nicht weil sie Razzien befürchten. Die Stores sind aufgezogen. Denn hier lauert hinter der Scheibe nicht ungeduldig der Tod.

Der Weg verliert sich im Dunkeln. Außer dir ist niemand draußen. Du erspürst deine Umgebung: eine einsame Straßenlaterne, akkurat gebrochene Pflastersteine, Glasscherben, Biergeruch, der dem Asphalt entsteigt. Poetische Bilder spulen sich vor dir ab, kleinteilig bis zum Überdruss. Es ist, als beherrschten deine Sinne den Raum. Geschichte ist an diesem Ort offenbar abwesend, verbannt hinter den elfenbeinernen Vorhang, schattenlos.

Hier die Straße zu nutzen, ist – im Gegensatz zu dort – unbedenklich. Du kannst gehen, herumstehen, nichts tun. Kannst leben wie ein Mensch der nördlichen Hemisphäre oder überstürzt sterben. Du nimmst das Leben ernst, folgst ihm wie ein Prophet, verhöhnst den Tod, weil er nichts ausrichten kann gegen Rettungshubschrauber und Schrittmacher in Herzen, erschöpft von der Maskerade des Wohlstands und menschenfeindlicher Industrie.

Jetzt hier allein kannst du ins Hier eintauchen oder dem Dort nachhängen. Denn die Straße gehört den Fußgängern, die sich über die kommenden Generationen Gedanken machen und nicht darüber, wer die Bleihäuser errichtet hat. In Damaskus dagegen gehören die Straßen der Vergangenheit samt ihren Katastrophen. Es kommt selten vor, dass man auf ihnen niemanden antrifft – Bettler und Obdachlose nicht mitgezählt. Und sind sie ausnahmsweise doch einmal leer, ist man dennoch nie ganz allein. Aus dem Nichts taucht der Schatten eines anderen auf, läuft neben dir her, kreuzt deinen Schatten, vereitelt dir das Recht auf einen einsamen Tod oder ein normales, geregeltes Leben.

Damaskus überlagert deinen Schatten mit dem seinen, oder ich möchte lieber sagen: dem ihren. Es ist, als hätte die Stadt ein allmächtiges Dasein.

Mythos? Oder Verkörperung einer erhabenen Frau, die uns zusieht, wie wir die Kleider verschleißen, die sie seit Anbeginn der Schöpfung trägt? Einer Ewigkeit, in der Damaskus zig Namen hatte: Ra's Bilad Aram, Gillaq, Gairun, Ain Asch-Scharq, Hadirat Ar-Rum, Dhat Al-Imad, Fustat Al-Muslimin, Bab Al-Kaaba, Al-Faiha', Al-Adhra'. All die Jahrtausende hindurch begleitete jener Frauenkörper das Leben der Stadt, kreuzte die Wege seiner Bewohner, läutete mit Erschütterung neue Epochen ein. Die Menschen, vom Geschehen verunsichert, führten und führen alles Unbegreifliche auf Geschichte und Religion zurück. Schriftsteller und Künstler dagegen begegnen dem Ganzen mit kreativer Sensibilität und surrealen Bildern, was der Sache jedoch nicht dienlich ist.

An dieser Stelle drängt sich mir eine Frage auf: Wie verhält sich die Beziehung zwischen dem Geist einer historischen Stadt und ihren Bewohnern? Wie kommt es, dass die materielle Welt solche Verhältnisse schafft, dass das Schicksal beider miteinander verschmilzt?

Ich wälze die Fragen wie ein Rätsel, merke, dass ich mich in abgehobenen Gedankenspielen verrenne. Wohl der Chauvinismus eines Menschen, der eine Stadt wie Damaskus kennengelernt hat und von ihr verleugnet wird. Na ja – jeder hat sein Granada und jeder sein Damaskus.

Mir fährt durch den Sinn, was die Stadt durchmacht, und ich schäme mich, so abgedriftet zu sein. Im nächsten Moment wird mir die Wucht ihrer Grausamkeit bewusst und ich muss über meine sprachlichen Ergüsse lachen. Für einen solchen Flashback bin ich wohl noch nicht bereit.

Es ist, als würde ich im Hier noch dem Dort nachhängen.

Hier – schleppe ich einen Körper, der von Sehnsucht und Reise entkräftet ist.

Dort – hüte ich die Angst, die meine Mutter mir mit der Haarnadel in den Rucksack nähte.

–

Die Angst in Damaskus

Menschen rennen, die Angst fällt ihnen aus dem Gesicht wie die Basmala-Formel Müttern aus dem Mund, die nachts auf die Heimkehr ihrer Söhne warten.

ABDALRAHMAN ALQALAQ

Du musst nur kurz vom Boden aufschauen und schon blickst du der Angst ins Auge. Du eilst weiter. Die Hast in Damaskus hat andere Ursachen als die Geschäftigkeit in der Wirtschaftsmetropole Frankfurt.

In Damaskus eilt, nein – rennt man ohne ersichtlichen Grund. Mit Existenzsorgen hat das wenig zu tun. Denn auch Kinder sind auf der Flucht. Fliehen vor dem Erbe, dem Fluch der Angst. Sie entwinden sich dem Griff des Vaters, der in seiner Panik die zarten Handgelenke fast zerquetscht.

Auch Müttern ergeht es nicht besser. Von Gebet und bangem Lächeln begleitet, stürmen sie los, um Tomaten und Zucker zu beschaffen. Denn Lebensmittel dürfen laut Weisung des Checkpoints ausschließlich um sechzehn Uhr ins belagerte Viertel gelangen – und nur in begrenzten Mengen.

Wie ein gefügiger Hund kauert die Angst nachts an deinem Bett. Damit du in Ruhe schlafen kannst, wirfst du ihr deine Augäpfel hin. Am Morgen, wenn du das Kalenderblatt vom Vortag abgerissen hast, bekommst du deine Augen zurück. Du wirst mit deinem Bild in den Nachrichten gezeigt und die Welt lechzt begierig. Am Abend legt sich die Angst an deinem Bett zum vergangenen Tag. Denn das Gestern ist noch immer da. Seit Beginn des Krieges besteht es fort, verrinnt nicht, macht sich keine Gedanken darüber, welchen Titel künftige Geschichtslehrbücher tragen sollen, findet keinen, der sich als Nationalheld zur Verfügung stellt. Stattdessen zeigt es sich nach Explosion und Massaker am nächsten Morgen erneut. Feist grinsend wie ein moderner Kriegstreiber kämmt es sein Gedächtnis mit vorsintflutlichem Messer.

Allgegenwärtig ist dort die Angst.

Du fürchtest dich vor der Angst der anderen, versuchst nicht herauszufinden, was sie beunruhigt. Von religiösen Gesetzen geschürt, haben die Menschen die Angst verinnerlicht, sie zur Tugend gemacht. Angst hat viele Erscheinungsformen: Sie kann sich als Auszeichnung manifestieren, als göttlicher Wille, als Verzweiflung. Verzweiflung einer Mutter, die ihren einzigen Sohn vielleicht nie mehr wiedersieht. Oder sie zeigt sich in Form eines Lehrers, der sich notgedrungen der Baath-Partei angeschlossen hat, das eigene Leben rettet, indem er einen Satz nachplappert, den er auf einer vom »Obersten Genossen« einberufenen Konferenz aufgeschnappt hat. Meistens aber zeigt sich die Angst in Gestalt eines feisten Körpers, der dich anrempelt, sobald du den Fotoapparat hebst.

»Wie kriegst du diese Fotos hin?«, fragte ich Niraz Saied einmal. »Wie kannst du all das mit dem Auge einfangen: Wirklichkeit, Traum, Fantasie, Enttäuschung, Licht, Schmerz, Freude, Leid, Rache? Verrate es mir.«

Auch wenn Niraz und ich uns in Jarmuk immer wieder über den Weg gelaufen waren, so hat uns nicht das Flüchtlingslager an sich zusammengeschweißt, sondern dessen Belagerung. Eile und Misstrauen waren unser gemeinsamer Nenner. Nicht die Liebe zu dem Ort verband uns, sondern der Zorn auf ihn. Getrennt wurden wir ebenfalls von Damaskus. Mich vertrieb die Stadt an einem heißen Augusttag, ihn verbannte sie am 2. November ins Gefängnis, wo er unter Folter den Tod fand.

Am Morgen nahm ich Abschied von meiner Mutter. Ob ich meinen Personalausweis eingesteckt habe, fragte sie, statt mich wie sonst immer an das Thymianbrot zu erinnern. Dann kam der Checkpoint, der nun anstelle der Bäume dastand und Teil der Straße geworden war. Ich wünschte, ich wäre eine Barrikade oder ein Baum, dachte ich. Aber nein, stattdessen muss ich ein Junge aus Fleisch und Blut sein und mir die Füße wund stehen, weil ich mir ein romantisches Ende ausmale, das mich schmückt. Dabei reicht meine dichterische Vorstellung nicht weit – nur für Stromschläge, misshandelte Genitalien, ausgerissene Fingernägel, Vergewaltigung, Gefangenschaft in einer überfüllten Zelle zusammen mit Leichen – solchen, die noch am Leben sind, und solchen, die ihr Recht auf den Tod erhalten haben.

Meine Fantasie lässt mich im Stich. Ich blende alles aus: Fantasie, mich selbst, meinen Körper, den Checkpoint, den Soldaten vor mir. Alles blende ich aus und denke an das Gesicht meiner Mutter.

Meine Fantasie lässt mich im Stich! Ich, ein verträumter Dichter voller Visionen, bin noch nicht einmal imstande, mich vor meinen eigenen Gedanken zu retten: Dass der Soldat meinen Namen vielleicht auf der Schwarzen Liste findet. Dass ich, auch wenn ich das Nadelöhr passiere, aufs Übelste verunglimpft aus meiner Haut, meinem Namen und der Reihe meiner Ahnen katapultiert werde. Aus einem unerfindlichen Grund notierte ich die Beleidigungen, die ich mir von Soldaten am Checkpoint und von einem Bewohner unseres Viertels anhören musste. Letzterer, der hervorragend bei den Schlägertrupps aufgehoben gewesen wäre, hängte den Schimpfworten, die er gegen mich richtete, immer eine weibliche Endung an, insbesondere, wenn sie sexueller Natur waren.

ABDALRAHMAN ALQALAQ

Trotzdem bemühte ich mich, das Weibliche nicht aus meinen Gedichten zu verbannen und den Orten das Attribut des Weiblichen zuzugestehen.

Auf diese Weise widersetzte ich mich intuitiv dem männlichen Krieg gegen die weibliche Stadt und gegen die Frau in mir – also gegen mich.

Und nun liege ich in einem weit entfernten Land unter einem Spiegel, sehe, dass mich Damaskus überzieht und ich mit der Stadt verwoben bin, und zähle ihre Gesichter in meinem Körper.

Ich schiebe die Stadt von mir, versuche sie auf Abstand zu halten, stelle mir vor, mein schmächtiger Körper sei eine Burg und meine Hände die Tore. Ich öffne die Tore. Dann stehe ich auf und betrachte mich in der Vertikalen. Nun kann ich mich selbst durchsuchen – zum ersten Mal entspannt und frei von Checkpoint-Phobie.

Ich durchsuche mich selbst. Nichts da. Nur zerknitterte Zettel in den Taschen, ein Schwarm blauer ineinanderfließender Zeilen. Die Pupillen geweitet trotz der Autoscheinwerfer der Grenzpolizei, die mich verletzen – jedes Mal, wenn der Tod einem Angehörigen ins Gesicht schaut.

Ich durchsuche mich selbst erneut, zähle wie besessen meine Augen. Mir wird bewusst, wie schwierig es ist, sich selbst ein drittes Auge ins Fleisch zu bohren. Ich muss lachen. Meine Hände haben es geschafft. Wie sonst könnte ich dich sehen, meine Liebe?

Ich zähle meine Zähne und beiße aus einem inneren Bedürfnis heraus in meinen rechten Unterarm. Ich muss zugeben, dass Bücher mir nicht die Kraft verliehen, die ich mir gewünscht hätte, als ich in der Grundschule von einem Mitschüler verprügelt wurde. Dafür verdanke ich den Büchern handwerkliches Ungeschick.

Ich durchsuche mich selbst. Nichts da, nur der Körper eines Zwanzigjährigen – laut Schätzung.

Angeblich tragen wir dich in uns. Wo bist du also?

Ich sehe nur den schmächtigen Körper eines Mannes, der die Gesichter vieler Frauen trägt: Mutter, Schwester, Dua', Yara, Khitam. O Gott! Wieso habe ich nicht auf sie reagiert? Sie riefen mich mit den Augen. Aber ich hatte nicht den Mut, die Autotür zu öffnen und umzukehren, hatte nicht den Mut, mich selbst zurückzuwerfen.

Ich war nicht Manns genug, die Frau in meinem Körper zu verteidigen, nicht Manns genug, das weibliche Damaskus aus meinem Körper zu verbannen. Heute bin ich hier – dort.

Ich habe einen Flashback und werde mir bewusst, dass diese Erfahrung, wenn auch überstanden, weiterhin Konflikte in mir auslösen wird.

Ich werde mir bewusst, dass neue Situationen folgen, die unausweichlich Enttäuschung mit sich bringen. Dass nur ein Kompromiss dich vor dir selbst retten kann.

Ich bereue meinen ersten Kompromiss nicht, auch nicht das Chaos, in dem ich ihn erschaffen und getötet habe.

Ich bereue nicht das Mitgefühl, das ich für die Umwelt habe, bereue nicht meinen Glauben an die Dinge und die Menschen.

Es war mein erster und einziger Weg, mich dem Leben zu stellen.

Der hölzerne Boden wogt unter meinen Füßen, ein permanentes Schwanken. Meine Freundin sagt, die Leichtigkeit trifft am selben Ort auf die Schwere, jeden Tag. Ich sage ihr, was leichter wird, wird in der Seele an einem anderen Ort schwerer.

Rasha Azab

Das Hausboot

(Auszüge aus einem Brief an Lina Atfah)
Übersetzung aus dem Arabischen von Sonja Jacksch

Das Hausboot von Ahdaf Soueif, ihr nach einer langen Reise des Exils gewähltes Haus, wurde leichter. Sie hatte entschieden, dass es Zuflucht und Ruheort sein sollte. Auf dem Nil wurde der Körper ihres Neffen Alaa leichter, der einen Hungerstreik begann und seinen Körper zwischen den Despotismus und sein Leben stellte. Entweder der Despotismus sollte enden oder sein Leben, in dem er sonst keinen Sinn mehr sah. Seine Seele wurde schwer, bevor sein Körper leicht wurde, und die Seelen seiner Familie, seiner Lieben und seiner Anhänger wurden schwerer, je leichter sein Körper wurde.

Tatsächlich hatte der Staat an jenem Morgen entschieden, das Leben in den Hausbooten am Nil zu beenden, ein gewisser Herr war dort vorbeigekommen und hatte den Wunsch geäußert, genau da eine seiner Modernisierungsmaßnahmen umgesetzt zu sehen. Und wir wissen, dass, wenn er an einem Ort vorbeikommt, dieser schon verwüstet ist, wie als Vorzeichen seines Vorbeikommens. Die Hausboote waren Teil der Szenerie dieser Stadt, ihrer Geschichte, ihrer Verrücktheit, und ein Rückzugsort für Künstler und Schriftsteller. Dort lebte Nagib Mahfuz für mehr als zwanzig Jahre, und sein Hausboot in der Nähe des Stadtteils Imbaba verwandelte sich in eine Fabrik der enttäuschten Hoffnungen, intellektueller Debatten und Zusammenkünfte unter Freunden. Jedes Hausboot hat tausend Geschichten, tausend Seelen und tausend Ideen, aber die Ideen interessieren dieses Regime nicht. Wichtig ist allein, den Beschluss Seiner Exzellenz umzusetzen; und der Beschluss Seiner Exzellent ist ein nicht misszuverstehender oder zu diskutierender militärischer Befehl. So läuft das Leben im Heerlager, so läuft unser Land.

Dein Herz kann zu einem gefalteten Blatt Papier werden, das zwischen den Ritzen eines Bootes ohne Küste steckt, in Eingeweiden, die nicht mehr zwischen

Hunger und Sättigung unterscheiden, weil wir eine lange Nacht befahren, bis uns der Morgen erlaubt, weiterzuziehen.

Ahdaf Soueif sucht nach einem Ruheort für ihr Zuhause, das sie unter Druck verlassen musste. Der ganze Nil Kairos zieht sich um diejenigen zusammen, die seine Gesellschaft suchten. Ahdaf Soueif verkaufte ihr Haus in London nach der ägyptischen Revolution, um ein Hausboot zu kaufen, in dem sie ihr kommendes Leben zeichnete. Vielleicht wusste sie nicht, dass sie unsere Leben mitzeichnete. Dieser Ort war jahrelang Wohnstatt unserer Freude und unseres Zanks, ein sanfter Hafen in einer unruhigen Hauptstadt. Das Leben war zum Fluss hin offen, und der Fluss war offen für unsere Herzen. Das Hausboot und alles darauf steckt fest, wie das Leben von Alaa und das Leben dieser Familie, die das Regime mit allen verfügbaren Mitteln erosionsartig aus dem Land treibt.

Der Berg

Ich beende meinen Brief an Dich, liebe Lina, mit meinem Nachhauseweg. Ich weiß, dass Du auch nach einem Zuhause suchst. Doch ich bin umzingelt von den aufgezwungenen Ausbauarbeiten. Ich lebe auf dem El-Moqattam, der höchsten natürlichen Erhebung in Kairo. Der El-Moqattam schmiegt sich an die Randgebiete des alten Kairo, an moderne Grabstätten und historische Friedhöfe aus der Gründungszeit der Hauptstadt und der Epoche der Fatimiden. Das Randgebiet der Stadt taucht in die Sandberge und steinigen Erhebungen ein. Die Leute kommen nach El-Moqattam, um sich zurückzuziehen, sich zu entspannen und ruhig zu wohnen. So war es, bis vor wenigen Tagen der Boden der Hochebene erbebte. Jeden Morgen planiert jetzt der Bulldozer die Erde und löst die Ruhe auf. Es wurde alles zum Verkauf freigegeben. Beim Versuch, die Muße zu ermorden, verliert El-Moqattam auch einen Teil seiner Identität.

Die Ägypter ehren ihn, nennen ihn »den Berg«, obwohl es nur eine Hochebene ist. Doch manche Leute wollen selbst die Luft zu Geld machen. Sie mobilisieren den Wunsch nach einer fragilen Moderne, die ein imaginärer Bulldozer herstellt. Ich sehe ihn täglich beim Aufstehen, wie er die Erde einstampft oder hysterisch aufwühlt inmitten einer Staubwolke. Manchmal liegt er auch auf seinem Bauch wie ein Schrottspielzeug, während er auf eine neue Tötungsmission wartet.

Ich probiere jeden Tag einen neuen grauenvollen Weg, um nach Hause zu kommen. Am schrecklichsten ist der Weg, den eine emiratische Firma aufgerissen hat, deren Investitionen die Küsten und Hochebenen im Land veröden lassen und verschlingen. Die Firma konnte die Straße kaufen, die wir »Küstenweg des El-Moqattam« nennen und die über zehn Kilometer durch eine Gegend verläuft, die strategisch wichtig ist und in der auch der höchste Punkt Kairos liegt, zweihundert Meter über dem Meeresspiegel. Zunächst im Besitz der Streitkräfte, wurde sie dann an die emiratische Firma verkauft. Ihr strategischer Wert wurde aufgegeben, um dort einen Luxuswohnkomplex zu errichten, in dem ein Apartment Millionen ägyptischer Pfund kostet. Die Firma hat bereits eine Privatstraße gebaut, die das Hochplateau mit der vernachlässigten alten Stadt verbindet. Auf dieser Privatstraße dürfen nur Fahrzeuge mit Extrakennzeichen fahren und sie spart täglich dreißig Minuten bis zu einer Stunde ihrer Lebenszeit, denn ihre Zeit ist Geld, während die gewöhnlichen Leute im Chaos des Verkehrs und der Unfälle unter dem Hochplateau ächzen. Die Umstände zwingen mich dazu, diese Straße der Elite zu nutzen, um überhaupt noch einen Weg in Richtung meines Zuhauses zu finden. Ich halte mein bescheidenes Auto an, da ich an der Straße der Reichen am Passieren gehindert werde. Doch mein Aussehen und meine Ausdrucksweise helfen mir, doch noch durchzukommen.

Wir hatten den Heimweg geliebt, wir, die Gemeinschaft von El-Moqattam. Immer wenn wir auf das Hochplateau fuhren, hatten wir das Gefühl, auf dem Weg zu einem sanften und guten Teil unserer Stadt zu sein, und der Verdruss, der bei den täglichen Fahrten an uns klebte, fiel von uns ab. Die Alternativroute, auf der ich nun zu meinem Haus zurückfahre, löst hingegen ein beklemmendes Gefühl in mir aus und versetzt mich in ein Leben, das ich so in meinem Land nicht kenne: Der sowjetischen Bauart nachempfundene Häuser mit identischem Gepräge, in das man sich nicht länger als eine Sekunde vertiefen kann. Dann fällt der Blick ab und zieht weiter, ein blasses Bild maßlosen Reichtums. Die Straße beginnt beim Hauptsitz eines staatlichen Fernsehsenders und endet bei einem riesigen Polizeigebäude für Sondereinsatzkräfte – dazwischen die emiratischen Projekte.

Ich sehe in Ägypten ein Herz, das seinen Platz verlässt, das Herz des Berges, das Herz der Häuser, der Hausboote, die ins Nirgendwo auslaufen. Eilig verabschieden wir Leben und Orte. Wir haben keine Muße, liebe Venus.

Den ganzen Briefwechsel können Sie hier lesen: *https://weiterschreiben.jetzt/briefe/*

Bahram Moradi

Im Zenit der Nacht

ÜBERSETZUNG AUS DEM PERSISCHEN
VON SARAH RAUCHFUß

Teheran, im Zenit der Nacht. Erschöpfte Lichter. Hilflose Schatten. Lauernde, geheimnisgeschwängerte Stille. Die Absurdität auf dem Höhepunkt. Mitten auf einer Seitenstraße, Nord-Nordwest hinter der Stadtautobahn, ist etwas Schwarzes auf den Boden gefallen.

Auf einem Balkon im zehnten Stock stehen eine Frau und ein Mann und rauchen.
»Wann hat das ein Ende?«, fragt die Frau.
»Warum immer über das Ende nachdenken?«
»Weil da, wo wir stehen, wohl kaum der Anfang ist«, sagt sie und starrt in den Zenit der Nacht.
»Fang nicht wieder davon an.«
»Reg dich nicht auf.«
»Ich krieg Kopfschmerzen.«
»Die hast du immer.«
»Immer dann, wenn du mit diesem Wann-endet-das?-Gejammer anfängst«, sagt der Mann und zündet sich eine weitere Zigarette an. Er läuft den Balkon die Länge nach ab und redet mit gesenkter Stimme. Bei der Frau kommen nur noch Bruchstücke an:
»... woran fehlt es dir? ... dass das nicht geht ... .« Seine heisere Stimme wird nach und nach immer lauter.
Naeem, sagt die Frau mit einem Mal. Der Mann beachtet sie nicht.
»... eine Scheißsituation ... «
»Naeem, Naeem, komm mal.«
»Zeitehe ... völlig normale Sache ... Frau und vier Kinder ... nicht verlassen.«
»Naeem, hörst du nicht, du sollst kommen.«
Ein rätselhaftes Schaudern in der Stimme der Frau. Sie starrt vom Balkon in die Tiefe. In der fest um das Balkongeländer gekrallten Faust steigt aus einer heruntergebrannten Zigarette träge Rauch auf.

»Deine Finger«, sagt der Mann.

»Das dort, was ist das?«, fragt die Frau verängstigt. Der Mann zieht den Zigarettenstummel zwischen ihren Fingern heraus und wirft ihn fort.

»Was ist was?«

»Das da, das Schwarze da mitten auf der Gasse?« Der Mann starrt hin.

»Pfütze oder so.«

»In dieser schmuddeligen Hitze?«

»Ein Schatten ist das.«

»Obwohl es so dunkel ist? Das sieht wie Kleidung aus.«

»Ich hab dir gesagt, trink nicht so viel.«

»Und die Hunde und Katzen ... Was ist da unten los? Komm, sehen wir mal nach.«

»Spinn nicht rum, komm, ich hab noch was vor mit dir«, sagt der Mann, greift der Frau an den Po und zieht sie in die Wohnung.

Im Zenit der Nacht verzaubert das ausgestreckte Schwarze mitten auf der Straße die Hunde und Katzen der Teheraner Finsternis.

Einige Straßen weiter Richtung Süd-Nordwest geht ein Mann stockenden Schrittes im Wohnzimmer auf und ab.

»Jetzt sprich endlich. Wo warst du? Wenn dir in dem Chaos da draußen etwas zugestoßen wäre, was hätten wir dann gemacht?«

»Beruhige dich«, sagt die Frau, die auf dem Sofa neben einem jungen Mädchen sitzt.

»Du mischst dich da nicht ein, hab ich gesagt«, sagt der Mann.

»Sprich leiser.«

»Ich muss dieser Dame hier heute Nacht eine deutliche Ansage machen«, sagt der Mann und deutet in Richtung des Mädchens, die ihre Beine zu sich herangezogen und den Kopf auf die Knie gelegt hat. An einigen Stellen ist ihre Hose zerrissen, ihr weißes Hemd ist nicht mehr weiß. Schwarzes, zerzaustes Haar verdeckt ihr Gesicht. Ihre Brille hält sie fest umklammert in der rechten Hand.

»Herumschreien hilft dabei nicht«, sagt die Frau.

»Was hilft denn dabei, mh? Mittags geht sie aus dem Haus und seitdem ist ihr Handy aus. Jetzt kommt sie in diesem Zustand zurück.«

»Sie ist heil wieder nach Hause gekommen, das reicht mir für heute.«

»Weißt du, was da draußen los ist? Weißt du, wie viele junge Leute ich diese Gorillas mit meinen eigenen Augen in die Vans hab werfen sehen?« Er bleibt hinter dem Kopf des Mädchens stehen. »Wenn dir etwas zustoßen würde, weißt du, wie wir dann dastünden? Dass wir die Untersuchungshaftanstalten, Gefängnisse und Friedhöfe nach dir absuchen müssten?«

»Hör auf damit«, sagt die Frau, »schrei nicht so. Die Nachbarn werden wach.«

»Sollen sie mal. Das hier sind schließlich unsere vier Wände.« Er packt das Mädchen fest bei den Schultern, zieht sie vom Sofa hoch und schüttelt sie. »Wo bist du die ganze Nacht gewesen? Was ist passiert?« Die Frau steht auf und legt dem Mädchen den Arm um die Schultern. Das Mädchen hebt den Kopf. Sie starrt den Mann an. In ihren Augen ist etwas, das ihm das Blut in den Adern stocken lässt. Kraft, Klarheit und Wut in ihrem Blick wühlen ihn auf. Er bricht zusammen. Die Frau presst das Mädchen fest an sich.

Klebriger Zenit der Nacht. Etwas Schwarzes auf der Straße hinter der Stadtautobahn.

Am äußersten Nord-Nordosten Teherans stehen zwei Männer neben einem Van mit Kühlzelle und rauchen. Beide betrachten das einzige große Gebäude im Umkreis, das in einem Kranz fahlen Lichts steht.

»Pass auf, was du denen sagst«, sagt der eine, ohne den anderen anzusehen.

»Ich?«, fragt der andere und schweigt darauf einige Momente lang. »Im Ernst, Morteza, zieh mich nicht in diese Angelegenheit hinein. Ich war hier nur der Fahrer. Ich weiß von gar nichts.« Morteza baut sich vor ihm auf.

»Also, dann spitz mal schön die Ohren, Herr Fahrer. Ich-war-nicht-dabei, Ich-weiß-von-nichts und Schönfärberei gibt es bei uns nicht. Verstanden? Und jetzt geh und mach die Kühlzelle sauber.«

»Ich allein?«

»Es ist dein Van.«

»Es ist der Van vom Stützpunkt.«[4]

Morteza tritt den Zigarettenstummel aus und macht sich daran, zu gehen.

»Alles gründlich sauberschrubben«, sagt er noch.

»Das ist Blut. So leicht geht das nicht weg.«

»Mit dem Druck aus dem Wasserschlauch wird's schon gehen.«

»Da drinnen ist es stockduster«, sagt der Fahrer.

»Der Pförtner dort hat eine starke Taschenlampe. Hadsch Naeem hat angeordnet, dass er sauber ist, bevor es dämmert.«

Ein schwarzer Körper ist in den Zenit der Nacht gestürzt.

In einer Straße ganz in der Nähe öffnet ein Mann die Tür zu einer Wohnung und tritt auf Zehenspitzen ein. Als er das Licht in der Küche brennen sieht, späht er hinein. Da hüpft ein kleines Mädchen von fünf Jahren hinter der Küchentür hervor. »Papi, warum kommst du erst so spät nach Hause?« Sie springt dem Mann in die Arme. Eine Frau mit Kopftuch und in langen Kleidern steht im Türrahmen der Küche und schaut den Mann fragend an. Sie begrüßt ihn schmallippig: »Ich bin hier tausend Tode gestorben.« Der Mann zieht seine Schuhe aus.

»Ich hatte eben zu tun.«

»Was, bis jetzt? Mitten in der Nacht?« Der Mann setzt das kleine Mädchen auf den Boden.

»Ja. Und?«

»Warum hat der eine Fuß keine Socke?«, fragt die Kleine.

Der Mann schaut ausdruckslos seine Füße an, dann Frau und Kind. Die Frau kommt näher. Sie bückt sich und beginnt, die Schuhe des Mannes zu inspizieren.

»Wo ist die Socke, Arash?«

»Socke? Ach – ja. Da war was. Ich hab wohl nach der Waschung vergessen, sie wieder anzuziehen.«

»Du bist ja ganz durcheinander. Hast du schon gegessen?« Der Mann setzt sich in Bewegung. »Ich esse nichts, ich gehe unter die Dusche.« Das Mädchen läuft ihm nach.

»Ich komme mit!«

»Mein Schatz, es gehört sich nicht, zusammen mit seinem Baba ins Bad zu gehen.«

»Leg dich schlafen«, sagt der Mann. Die Frau hält das Kind an der Hand zurück. »Papa Arash ist müde, mein Schatz. Komm, wir gehen schlafen.« Der Mann verschwindet im Badezimmer.

Zenit der Nacht. Schwarz in Schwarz. Eine Frau raucht auf dem Balkon im zehnten Stock eine Zigarette.

Im äußersten Nord-Nordosten, ein Zimmer in einem Gebäude auf einem Gelände, das wie ein Stützpunkt der Basidsch-Miliz aussieht. Zwei Männer sitzen sich am Tisch gegenüber.

»Lass dir nicht alles einzeln aus der Nase ziehen, Sadegh, Bruder«, sagt der mit dem Kugelschreiber in der Hand.

»Gut, also, sie hat mir den letzten Nerv geraubt, das Miststück, Hadschi.«[5]

»Behruz hat gesagt ...«

Sadegh fährt sich nervös durch den Bart.

»Behruz redet Scheiße, bei Imam Hosseins durchgeschnittener Kehle, so war's nicht.«

»Also, wie war es denn dann?«

»Ich gestehe, ich war erregt, aber ...«

»Deine Hand war nicht in ihrer Hose?«

»Sie hat geflucht, diese Furie, Gott ist mein Zeuge, von dem Moment an, als wir sie festgenommen hatten, hat sie einen Radau gemacht, da verging dir Hören und Sehen.«

»Da hast du sie in den Tiefkühl-Van geworfen und dich auf sie gesetzt.«

»Es waren zwei. Die sind auf irgendwas raufgeklettert, haben ihre Kopftücher angezündet, Parolen skandiert und die anderen aufgewiegelt.«

»Und von euch Brüdern waren alle drei in der Kühlzelle?«

»Wir hatten zwei von denen im Visier. Wir haben sie im Gewühl verloren, aber nach einer Stunde tauchte dieses vaterlose Ding wieder auf.«

»Hat jemand gesehen, wie ihr sie festgenommen habt?«

»Von vorn bis hinten haben die unser System beschimpft und beleidigt, die haben ihre Kopftücher verbrannt«, Hadschi.

»Ja, das sagtest du bereits. Was ist im Van passiert?«

»Arash hat eine Socke ausgezogen und das Mädchen damit geknebelt, Gott ist mein Zeuge, Hadschi, die hat geflucht, dass es uns den letzten Nerv geraubt hat.«

»Was dann?«

Sadegh schlägt mit der Faust auf den Tisch und steht auf.

»Was dann, will er wissen! Dann hat sie wieder angefangen, um sich zu schlagen!«

»Nun erhitz dich mal nicht. Wir biegen das schon wieder zurecht.«

»Wären wir nicht auf den Straßen unterwegs, es würde keinen Tag dauern und die würden uns aufknüpfen.«

»Wir machen das, damit wir, falls morgen irgendwas davon rauskommt und die Runde macht, wissen, wie sich die Sache wieder einrenken lässt.«

»Wovor hast du Angst, Hadschi? Lass es rauskommen und den anderen eine Lektion sein.«

»Geh heim, leg dich schlafen.«

»Dann war's das also, Hadschi, ja?«, sagt Sadegh und deutet auf Hadschis Notizbuch.

»Hab Vertrauen in Gott. Geh und schick Hadsch Morteza rein.«

Ein schwarzer Körper im Zenit der Nacht. Hunde und Katzen verschmolzen mit der Nacht.

»Beim Stützpunkt wollten sie sie nicht aufnehmen.« Auf Sadeghs Stuhl sitzt nun Morteza.

»Warum nicht?«

»Weil mehrere festgenommene Frauen und Mädchen dort waren und die Brüder Sorge hatten, dass dieses Mädchen sie mit ihrer schamlosen Art aufwiegeln könnte.«

»Was hast du dann gemacht?«

»Ich hab Hadsch Naeem angerufen, der meinte, wir sollen sie ins Evin-Gefängnis bringen.«

»Was passierte im Van?«

»Gott kennt die Wahrheit, ich hab vorn gesessen, neben dem Fahrer.«

»Aber den Lärm hast du ja wohl gehört.«

»Etwas habe ich gehört.«

»Und da bist du nicht nachschauen gegangen, was los ist?«

»Da gab's nichts nachzuschauen, Hadschi. Letztlich mussten sie ihr das Maul stopfen, nichts weiter.«

»Alle haben mitgemacht, richtig?«

»Wallah, Hadschi, plötzlich ist mir aufgefallen, dass es ganz still ist, da hab ich dem Fahrer gesagt, halt mal an, bin nach hinten in die Kühlzelle, man konnte die eigene Hand nicht vor Augen sehen, also mach ich die Taschenlampe an und seh alle drei mit Schlagstöcken in der Hand da vor sich auf den Boden starren und das Gesicht des Mädchens voller Blut.«

»Behruz sagt, er hätte nicht zugeschlagen.«

»Just in dem Moment hat er noch gesagt, dass er in der Dunkelheit nicht unterscheiden konnte, was was ist, und einfach zugeschlagen hat.«

»Was hast du dann gemacht?«, fragt der Hadschi.

»Ich hab das Mädchen aus der Kühlzelle geholt, hab ihr Gesicht bisschen saubergemacht, aber mit der war's vorbei; dann hab ich Hadsch Naeem angerufen und er meinte, wir sollen sie in irgendeine verlassene Seitenstraße werfen.«

Im Zenit der Nacht beugen sich ein Mann und eine Frau über einen dunklen Schemen. Die Frau presst sich an den Mann. Ihre Fingernägel bohren sich in seinen Arm.

»Sie blutet überall. Ruf die Polizei, Naeem.«

IM ZENIT DER NACHT

»Sie wird eine Anwohnerin sein.«

»Sie hat Schuhe an. Da ist auch ihr Rucksack. Die haben sie umgebracht, Naeem.«

»Bullshit, sie ist von dort oben runtergestürzt, hat sich das Leben genommen.«

»Jemand der von dort oben runterstürzt, sieht der denn noch so intakt aus, wenn er unten ankommt?«

»Woher soll ich das wissen? Vermutlich war das eine dieser drogenabhängigen, elternvergessenen Ausreißerinnen, von denen in Teheran Abertausende herumlaufen, weißt du, wie viele von denen sich jeden Tag umbringen?« Die Frau weicht vor dem Mann zurück. Sie schaut hinauf in den Himmel. Der Wind weht aus Süden.

Eingeschmolzenes Teheran, im Zenit der Nacht.

Im Allgemeinen werde sich der Mensch mit dreißig endlich darüber klar, was er will. Das hatte ich gehört und wartete ab. Trotzdem überraschte mich heute mein Geburtstag. Aber ich verlor keine Zeit, sondern folgte dem Gebot des Augenblicks und der zeitgleichen Entdeckung, dass ich praktisch pleite und meine Tasche bis auf mickrige hundert ägyptische Pfund leer war.

Ahmed Awny

Der Preis des Helden

ÜBERSETZUNG AUS DEM ARABISCHEN
VON HARTMUT FÄHNDRICH

Sie werden schön sein, die Dreißiger.

Dies gedacht, saß ich eine Stunde später in einem Minibus Richtung Kairo, im Kopf einen Plan, den ich, daran zweifelte ich nicht, in Gänze in die Tat umsetzen würde: Gleich nach meiner Ankunft in Downtown Kairo werde ich das erste Taxi besteigen, das mir unter die Augen kommt, und, zu Hause angekommen, dem Fahrer meine restliche Barschaft aushändigen. Sobald das Taxi verschwunden ist, werde ich, wie in alten Zeiten, auf die Mauer ums Haus klettern, in den Garten hinunterspringen und die Küchentür aufmachen, von der ich wusste, dass ich sie nicht abgeschlossen hatte. Ich werde ins Haus gehen, den Laptop aufklappen, nicht aber der zu erwartenden Verlockung nachgeben, Facebook zu öffnen, um festzustellen, was ich während des vergangenen Monats verpasst hatte. Vielmehr werde ich im Haus nach einer Kreditkarte suchen und damit den nächstmöglichen Flug nach Amerika buchen. Nach Kairo durfte ich nie mehr zurückkehren. Daran wollte ich mich jeden Tag erinnern.

Sie werden schön sein, die Dreißiger.

Ab sofort sind Träume unerwünscht, die mich ungebeten und unkontrolliert aufsuchen und mir zum Trotz werden, was ich will. Am ersten Tag meiner neuen Dekade, unterwegs im Minibus Richtung Kairo, unterzog ich meine Träume einem ersten Test – erfolgreich! Ich schlief ein und träumte im Einklang mit meinen Wünschen. Nun war das Einzige, wonach ich mich in Kairo immer sehnte, der Geschmack von Öl auf den Nuggets bei Kentucky Fried Chicken. Ich schloss die Augen und da stehe ich vor dem Restaurant und sage mir, das ist ein Traum. Obwohl ich Hadîr neben mir stehen sehe, was es wahrscheinlich macht, dass ich mich selbst in einem Albtraum sehe, gerate ich nicht in Panik. Im Gegenteil, ich bin erleichtert, weil all das ja morgen, nach meiner Ankunft in Amerika, zu Ende ist und nie mehr jemand von mir verlangen wird, etwas in die Tat umzusetzen, was mir im Traum erscheint.

Ich betrete mit Hadîr zusammen das Restaurant und bestelle dreißig Chicken Nuggets, der Duft von Frittieröl erfüllt mein Herz mit Freude. Hadîr will nichts essen, obwohl der Restaurantbesuch meiner Überzeugung nach ihre Idee war. Ebenso bin ich davon überzeugt, dass das, was ich da gierig verschlinge, in Wirklichkeit meine Erinnerung ist, wodurch sich erklärt, dass die Hühnerteile heißer sind als gewöhnlich; ebenfalls erklärt sich, warum sie wie Wasser durch meine Kehle gleiten, ohne dass ich einen Geschmack wahrnehme. Wofür ich jedoch keine Erklärung finde, ist der Wachsgeschmack, der sich beim zehnten Stück in meinem Mund einstellt, während ich gleichzeitig beobachte, wie Hadîr ein Feuerzeug und eine Zigarette aus ihrer Tasche zutage fördert. Ich fürchte schon, eine zwischen den Hühnerteilen versteckte Zündschnur verschluckt zu haben, und würde Hadîr nur allzu gern vom Gebrauch des Feuerzeugs abbringen, obwohl ich nicht glaube, dass sie uns ins KFC geführt hat, um mir beim Anzünden einer Zigarette so nahe zu kommen, dass mein Mund in Flammen aufgeht. Weil ich aber, sogar im Traum, eine Auseinandersetzung mit ihr fürchte, wähle ich einen Umweg und erinnere sie daran, dass Rauchen im Lokal verboten ist. Sie quetscht die Zigarette mit den Lippen zusammen und murmelt, noch bevor der Rauch ihren Mund verlassen hat, abschätzig:

»Keine Angst, Rami. Das ist nicht Liebe, das ist einfach Magensäure.«

Jetzt war kein Zweifel mehr möglich: Es handelte sich um einen Albtraum. Als ich nach meinem letzten Stück Huhn greife, ist ihre Zigarette zu Ende, und noch bevor ich mir das Nugget in den Mund schieben kann, zieht Hadîr es mir aus der Hand und rennt weg. Dazu lässt sie ein irres Lachen hören. Ich renne ihr hinterher. Die Gäste im KFC beginnen zu klatschen, ich kann aber nicht sagen, wem von uns beiden der Jubel gilt. Einer blockiert ihr mit seinem Stuhl den Weg, ein anderer stellt mir das Bein. Sie rennt hinaus auf die Straße und verschwindet. Vielleicht gibt es irgendwo eine Tür, die ich nicht sehe, weil ich noch immer derselben Überzeugung anhänge wie zu Beginn meines Traums: dass ich auf keinen Fall das Restaurant verlassen darf, ohne fertig gegessen zu haben. Ich stelle mich an, um ein weiteres Nugget zu bestellen und das stibitzte zu ersetzen. Aber noch bevor ich an der Reihe bin, macht mich die Lady hinter mir darauf aufmerksam, dass meine Barschaft unzureichend ist. Da bleibt mir nur der Gegenangriff. Ich versuche sie zu überreden, mir doch ein Stück von ihrem Teller zu überlassen, sozusagen als Geschenk zu meinem dreißigsten Geburtstag. Doch trotz ihrer offensichtlichen Empathie erinnert sie mich daran, dass das nun wirklich nichts Besonderes sei. Jeder, der heute ins KFC komme, tue das, um zu feiern.

Als der Minibus anhielt, schlug ich die Augen auf, verstört, weil mein Unterbewusstsein unermüdlich weiterwirkte und von Hadîr träumte, die mir die Erinnerung an mein letztes Jahr stahl. Was mich jedoch noch mehr verstörte: Ich hatte von etwas geträumt, für das kein Älterwerden je Abhilfe schaffen würde. Mein Geburtstag wird auf immer mit dem Neujahrstag zusammenfallen und es wird auf immer unerheblich sein, ob ich anwesend bin. Ein Fest gibt's allemal.

An der Haltestelle war ich der Erste, der ausstieg, und der Letzte, der ging, weil ich innehielt, um die Taxifahrer zu betrachten, die auf Kunden warteten. Ich rief keinen von ihnen. Vielmehr holte ich meine verbliebene Barschaft aus der Tasche und betrachtete sie. Ich erinnerte mich an meine Dreißiger-Vorsätze. Dann stellte ich fest, dass meine Füße, sozusagen unabhängig von mir, sich Richtung Stadtmitte aufmachten, genauer gesagt zur nächstgelegenen KFC-Filiale. Ich leistete keinerlei Widerstand. Nicht nur, weil der Hunger schmerzhaft an meinem Magen nagte, sondern auch, weil ich wusste, dass immer alles schiefging, wenn ich mich den Wünschen meiner Füße widersetzte. Also fügte ich mich ihnen, aber mit dem festen Vorsatz, genügend Geld für ein Taxi nach Hause zurückzubehalten. Während ich so dahinwanderte, ermahnte ich mich, alles um mich herum genau zu betrachten, wie es sich für jemanden gehört, der sich von einer Stadt verabschiedet.

Das Problem war, dass es nichts gab, von dem ich mich hätte verabschieden können. Es war noch früh am Morgen. Die Straßen waren menschenleer. Der Lautsprecher einer Moschee rief zum Gebet. Es war also nur noch eine Frage der Zeit. Die Vorstellung, noch einige Minuten allein zu gehen, gefiel mir. Außer einigen kalten Windstößen, die Staub und Plastiktüten aufwirbelten, war nichts zu sehen. Das gefiel mir so gut, dass ich mir vorkam wie ein gekrönter König, der durch Downtown Kairo schreitet. Doch leider war ich nicht imstande, erhobenen Hauptes zu schreiten. Es gab da nämlich noch ein anderes Gefühl: die Angst vor streunenden Hunden, die sich, davon war ich überzeugt, unter diesem oder jenem Auto versteckt hielten. An diese Hunde erinnerte ich mich, sonst an nichts mehr von Downtown Kairo: weder daran, was mich hierhergebracht hatte, noch daran, was mich zu gehen drängte. Und trotzdem befürchtete ich, dass ich mich einmal zurücksehnen könnte. Auf dem Tahrir-Platz sah ich die Spuren des Neujahrsfestes: Plastikbecher und -teller, Zigarettenkippen und eine verlassene Tribüne. An der Ecke der Mohammed-Machmud-Straße erblickte ich ein KFC. Ich stellte zu meiner Beruhigung fest, dass es offen war, ging aber nicht hinein.

Kentucky Fried Chicken weiß Bescheid und die Mohammed-Machmud-Straße ist nicht sicher, wenn das KFC seine Tore geschlossen hat. Diese Kairoer Lebensweisheit, die ich mir während des ganzen Jahres immer wieder eingetrichtert hatte, fiel mir ein. Aber dann, was ist schon sicher. Also betrat ich die Straße vorsichtig und erinnerte mich daran, wie beängstigend sie war, wenn dort Action herrschte, und wie angenehm ein Spaziergang dort, wenn sie schlief. Es war wie ein verstohlener Blick auf einen alten Mann, der seine Jugend als Rüpel verbracht hatte. Zehn Schritte und dann sprang die Straße, ohne zu gähnen, aus ihrem Schlummer, voll dynamisch, wie ich sie beim letzten Mal verlassen hatte, damals, als das KFC geschlossen war. Hadîr war in der Zoohandlung, an der vorbeizugehen ich mich immer fürchtete. Wie viele Schritte habe ich damals gebraucht? Wie viele Schritte brauche ich heute, um an denselben Punkt zu gelangen? Damals und heute. Gerade mal einundzwanzig. Die Zahl frustrierte mich. Alles scheint großartiger, wenn es geschieht. Aber wer ist das da vor mir? Und was veranlasst ihn zu diesem wütenden Blick? Wieso nimmt seine Hand allein eine Fläche ein, die größer ist als die Bilder aller seiner Kameraden um ihn herum an der Wand? Unmöglich. Ich versuchte mir einzureden, einen Doppelgänger zu sehen – nur breitere Schultern besaß er und andere Kleider. Dann begannen die Hunde zu bellen. Ich verließ den Laden ohne einen Blick zurück.

Nach einigen Schritten sah ich ihn erneut vor mir. Es war, als stünde ich mitten auf der Straße vor einem Spiegel. Ich hatte das Gefühl, mein Körper verlasse mich und verteile sich vor mir in alle Richtungen. Nur meine Füße blieben mir erhalten. Ich fiel auf die Erde, stand wieder auf und trat zu diesem Fremden. Ich sah mich selbst an einer gelben Wand hängen. Darunter stand: »Wo ist Rami?«

Ich riss mich zusammen und lief vor meinem Doppelgänger weg ins Stadtzentrum, überzeugt, ihm zu entkommen. Doch jedes Mal, wenn ich in eine andere Straße flüchtete, wanderte er leicht und locker über die Wände und überraschte mich aufs Neue. Es war nutzlos, an Flucht zu denken. Ich nahm all meinen Mut zusammen und trat ihm gegenüber. Er schien jünger als ich. Wann hatte es auf meinem Gesicht eine solche Wut gegeben? Ich war ganz allein mit ihm. Niemand war da, mich zu retten, sollte er von der Wand aus nach mir greifen, um mich zu verschlingen. Aber mit jedem Schritt auf ihn zu erschien mir sein Gesicht sanfter und frischer. Ganz sicher sah er besser aus als ich. Ich berührte ihn, und da war er nicht mehr furchteinflößend. Im Gegenteil, ihn an der Wand berührend, spürte ich Vertrautheit und Ruhe. Er schien mich einzuladen, hier zu bleiben und mich um ihn zu kümmern. Ich setzte mich neben ihn, hoffend, jemand werde mich für verrückt erklären, und bezwang aus Rücksicht auf die Gefühle

AHMED AWNY

meines Freundes an der Wand meinen Wunsch zu rauchen. Schließlich kam ein junger Mann mit einem schwarzen Rucksack voller weißer Farbflecken vorbei. Sein Gang verriet, dass er gerade aufgestanden war, bereit, seinen Tag zu beginnen. Ich warf ihm einen Morgengruß zu, den er erwiderte, ohne stehenzubleiben. Auf seinem Gesicht lag ein unverbindliches Lächeln, wie Klebstoff, der meinen Rücken an der Wand festhielt.

Mariam Meetra

Kabul, traurigste Stadt der Welt

ÜBERSETZUNG AUS DEM AFGHANISCHEN PERSISCH
VON SUSANNE BAGHESTANI

Ich stehe an einer Straße der Hauptstadt,
es regnet.
Kabul ist die traurigste Stadt der Welt.
Wenn ich in ihren Armen weine,
erinnre ich mich deiner,
der sie vor Jahren verließ.
Als sei diese Stadt nicht
Geburtsort meiner Mutter,
dass ich ihre Straßen so sehr fürchte,
und ihre Bäume meine Einsamkeit nicht begreifen.
Sag mir,
umfasst die Welt nur eine Hauptstadtstraße,
dass man sich auf ihrem Pflaster
nicht ausstrecken kann?

Vom Regen frisch gewaschen, boten sich die Plätze der Stadt im schönsten Grün dar und dufteten nach Fruchtbarkeit und feuchter Erde. Schwer hingen Mangos, Papayas, glitschige gelbe Niemfrüchte, Guaven und Zimtäpfel von den Bäumen. Der Himmel zügelte seine Tränen, nur vereinzelt noch fielen Regentropfen lautlos auf Zinkdächer, Baumkronen und die Zöpfe junger Frauen. »Ach, wenn ich doch auch die Fähigkeit besäße, aus dem Tropenhimmel zu fallen, diese Erde zu berühren und in sie einzudringen!«, dachte ich. Ein letztes Mal streifte ich durch die Straßen, um Abschied von der Stadt zu nehmen, fest entschlossen, alles hinter mir zu lassen. In meiner Hemdtasche trug ich den Pass einer zweiten Heimat und auf den Schultern einen schwarzen Rucksack. Dieser war mit Schlössern und Gurten gesichert, darin steckten nämlich meine akademischen Zeugnisse, Fotos von Orten und Freunden sowie ein paar eilig hineingestopfte Kleidungsstücke. Mein Gepäck war so leicht, als wäre ich nur zu einem Verwandtenbesuch im nächsten Dorf unterwegs. Mein Kopf aber wog so schwer von Sorgen und Zorn, dass ich ihn kaum tragen konnte.

Stella Gaitano

Die Flucht vor dem Monatslohn

Übersetzung aus dem Arabischen von Günther Orth

Einst war ich als jugendlicher Schwärmer losgezogen und hatte es als illegaler Migrant in die Erste Welt geschafft. Ich war hartnäckig und fleißig, und irgendwann hielt ich meinen neuen Pass in Händen. Endlich war ich, zumindest offiziell, ein Bürger jenes Landes geworden. Ich erwarb Qualifikationen, erlernte mehrere Handwerke und Sprachen. Mit Träumen gewappnet befolgte ich Regeln, die ganz anders waren als die meiner Heimat. Jene wiederum kamen mir bereits jetzt, während meiner Rückreise über viele Meere, seltsam vor.

Mein Land war vor wenigen Jahren unabhängig geworden. Ich hatte nur eine unklare Vorstellung von ihm und kannte bloß ein paar lückenhafte, hier und da aufgeschnappte Geschichten. Dennoch war ich fröhlich, selbstbewusst und stolz, bald wieder in meiner Heimat zu sein, die angeblich heldenhaft Geschichte geschrieben hatte. Ich war nicht dabei gewesen, doch ich wusste nur zu gut, dass meine Landsleute mit dem Verlust von Hab und Gut und Angehörigen einen hohen Preis für die Freiheit bezahlt hatten.

Während ich zwischen Himmel und Erde schwebte, zählte ich die Stunden und Minuten bis zum Wiedersehen mit meiner Familie. Meinen Vater hatte ich zuletzt als Jugendlicher gesehen. Auch er hatte sich, so hieß es, an der Revolution beteiligt. Mein Bild von ihm verschwamm mit den Gesichtern von Vätern in Filmen, die ich gesehen, und in Romanen, die ich gelesen hatte. Ich freute mich auch auf meine Mutter. Dass ihr Jüngster als Halbwüchsiger fortgegangen war, hatte ihr das Herz gebrochen. Seither jagte sie Neuigkeiten über mich hinterher, es war das Einzige, was ihr von mir blieb. Ich sehnte mich auch nach meinen Geschwistern, die mittlerweile Familien gegründet hatten und deren zahlreiche Kinder meiner Mutter zur Last fielen.

Als die Stewardess klangvoll unsere baldige Landung ankündigte, sah ich aus dem Fenster, drückte die Stirn an die Scheibe und eilte dem Flugzeug mit dem Blick zum Erdboden voraus: Bäume, so weit das Auge reichte, ein grünes Meer, durch das sich der Nil wie eine Wüstenschlange wand, wie eine Ader, die sich auf der Haut der Erde abzeichnete. Nach und nach wurden Häuser erkennbar. Ihre Zinkdächer reflektierten die Sonne wie von Kinderhand verstreute Spiegelscherben, sandten ein schelmisches Hallo gen Himmel, einen Willkommensgruß an den Heimkehrer, wenn sie blinkten.

Ich landete in einem ausufernden Dorf, das seine Straßen wie Finger in Richtung Stadt ausstreckte. Im Flughafengebäude schlug mir aus der einzigen Toilette des Airports so starker Uringestank entgegen, dass es mir Tränen in die Augen trieb. An der Gepäckausgabe fehlten die an Flughäfen üblichen Durchleuchtungsgeräte, Polizisten durchwühlten mit den Händen unsere Koffer und Taschen. Ihre Gesichtszüge waren hart, ihre Stimmen laut, ihre Worte schneidend und ihre Gesten abweisend. Nach der Kontrolle malten sie auf das jeweilige Gepäckstück mit weißer Kreide ein Symbol, das wie ein Dollarzeichen oder ein schiefer Violinschlüssel aussah. Mein Rucksack war geöffnet und sah entwürdigt aus, als ich ihn hingeworfen bekam. Mit unsicheren Händen machte ich ihn wieder zu und tröstete mich mit dem Gedanken, dass diese Grobheit Resultat eines Krieges war, der viel zu lange gedauert und die Menschen verhärtet hatte. Vielleicht knatterten ihre Stimmen deswegen wie Gewehrschüsse.

Die Stadt verschluckte mich, wenig später erdrückten mich meine Verwandten. Die Frauen tanzten und stießen Freudentriller aus, die Männer schlugen auf schwere Trommeln und Dutzende Füße ließen die Erde erbeben. Ich fühlte mich stolz wie ein König, besonders wenn junge Frauen mir schöne Worte zuriefen, als hätten sie soeben ihren Traummann gefunden. Ich umarmte meine Mutter, bis uns die Tränen kamen. Ich begrüßte meine Geschwister und ihre zahlreichen Kinder. Schon bald konnte ich mir ihre Namen und Gesichter nicht mehr merken und wusste nicht, wer zu wem gehörte.

Die nächsten Tage vergingen mit Tanz und ausgelassener Freude, es gab Schlachtfeste, Gebete und Riten, die mir fremd geworden waren und mich doch mit meiner so lange so fernen Heimat versöhnten. Nun würden mir Krankheiten nichts mehr anhaben können, ich wäre geschützt vor bösen Geistern und dem Fluch meiner Vorfahren!

Mein Vater schenkte mir ein schickes Auto, und sein Bruder kam mit einer ganzen Entourage von Bodyguards an, um mir feierlich eine Anstellung anzubieten. Ich dankte ihm und wollte ihm meine Zeugnisse zeigen, aber er hielt mich zurück und sagte: »Was für Zeugnisse, mein Junge? Wir sollten dir Zeugnis genug sein. Der Name deines Vaters gilt mehr als die Namen aller Akademien, an denen du studiert hast!« Dabei lächelte er gequält und ergänzte spöttisch, während er sich mit gespreizten Fingern voll goldglitzernder Ringe an die Brust schlug: »Weißt du denn nicht, dass wir Kämpfer waren? Komm morgen vorbei und beginne deine Arbeit!« Ich war so überrascht und erfreut wie eine Braut, die nicht zu fragen wagt, woher ihre Gäste nur all das Geld für die teuren Geschenke hergenommen haben. Ich hatte ein Auto und einen Job, was wollte ich mehr?

In der ersten Zeit spazierte ich immer wieder gerne durch die Stadt und ließ mich verzaubern; sie war seltsam, aber auf unkomplizierte Weise schön. Aus der Luft hatte sie so friedlich ausgesehen, wie sie in einen grünen Schoß inmitten von Bergen geschmiegt war. Betrat man sie, war man von Motorradgewusel und Generatorengeknatter umgeben. Sie beherbergte Angehörige unzähliger Ethnien, Menschen mit den unterschiedlichsten Gesichtszügen und Sprachen, es gab alle möglichen Speisen und Arten von Musik. Selbst an Zeitungen gab es eine große Auswahl und überall standen Kirchen. Die Menschen waren umtriebig und liefen durcheinander, auf den Märkten wurde unablässig gekauft und verkauft. Es war einfach alles zu haben: von Secondhandkleidung und -schuhen über ausländische Flaggen, Pkw mit Automatik und Rechtslenkung bis hin zu Führungszeugnissen und Immobilien. Hier waren für Zukurzgekommene Träume erhältlich und für die, die sich wirklich alles leisten konnten, sogar Posten und Ämter.

Schon bald machte ich mich stolz und glücklich daran, meine Stelle anzutreten. Kaum hatte ich einen Fuß ins Gebäude gesetzt, umarmte mich der Mann am Empfang und stellte sich mir als »mein Bruder« vor. Er war ein Cousin väterlicherseits. Sogleich führte er mich ins Büro der Sekretärin und stellte sie mir als »meine Schwester« vor, auch sie eine Cousine. Weitere Mitarbeiter waren ein Onkel mütterlicherseits sowie eine Tante. Überhaupt hatte ich meine neuen Kolleginnen und Kollegen alle bereits bei meiner Willkommensfeier gesehen. Schließlich betrat ich das Büro meines Onkels. Ich versuchte ihm noch einmal darzulegen, was ich studiert hatte und was ich alles konnte, außerdem wollte ich in Erfahrung bringen, worin meine Arbeit im Betrieb bestand. Doch er unterbrach mich. »Das ist doch alles unwichtig«, meinte er. »Du bist hier angestellt, und damit hat sich's.«

Mir verschlug es die Sprache. Verlegen bedankte ich mich und fragte zaghaft: »Dürfte ich zumindest wissen, wie hoch mein Gehalt ist?«

Wieder konnte ich kaum zu Ende sprechen. »Du bekommst tausend plus was du möchtest«, erklärte mein Onkel. »Du bekommst dein Gehalt übrigens schon seit deiner Abreise ins Land der Weißen, es wird jeden Monat auf dein Konto einbezahlt!«

Ich hatte also die ganzen Jahre über Gehalt für einen Job bekommen, von dem ich gar nichts gewusst hatte.

Meine Arbeit bestand darin, an Sitzungen teilzunehmen, bei denen kalte und heiße Getränke gereicht wurden, in denen der ortsübliche Dialekt gesprochen wurde und die von Familienversammlungen kaum zu unterscheiden waren.

All das wurde mir schon bald unerträglich und jeder Arbeitstag wurde mir widerwärtiger als der vorige. Wenn ich am Monatsende den Umschlag mit meinem Gehalt bekam, überfiel mich Brechreiz und das Lächeln meines Onkels mit seinen vergoldeten Fingern wurde mir ein böses Omen. Das alles bedrückte mich sehr und ich blieb der Arbeit fern. Trotzdem traf mein Gehalt Monat für Monat ein, stets verpackt in ein falsches, spöttisches Grinsen.

So konnte es nicht weitergehen. Ich kündigte und baute mir mit Freunden ein eigenes Geschäft auf. Ich war mit Eifer bei der Sache und steckte meine gesamte geistige und körperliche Energie in das Projekt, nur eine Sache verdarb mir mit schöner Regelmäßigkeit die Laune: mein Gehaltsumschlag! Mal lag er auf meinem Arbeitstisch, mal im Auto, zuweilen sogar unter meinem Kopfkissen. Ich warf meinem Onkel das Geld vor die Füße, dann wieder verteilte ich es an die Armen, einmal spülte ich es sogar die Toilette hinunter. Aber es half nichts. Wenn meine Freunde über die Korruption im Land klagten, ließ ich den Kopf hängen wie eine Blume ohne Wasser.

Irgendwann nahm ich meinen schwarzen Rucksack, meinen ausländischen Pass und meine Zeugnisse. Ich wollte meinem Land und meiner Familie entfliehen, vor allem aber meinem Monatslohn.

Ein letztes Mal streifte ich durch die Straßen, um Abschied von der Stadt zu nehmen. Als ich auf einer Anhöhe um die Ecke bog, sah ich staubbedeckte

Frauen auf dem Boden hocken. Sie hatten bunte Tücher um Hüfte und Kopf gebunden und schlugen mühsam Steine klein, die sie spottbillig als Baumaterial verkauften. Ich erkundigte mich nach dem Preis, und eine Steineklopferin verkündete fröhlich: »Dreißig Pfund pro Sack! Oder auch weniger, wenn du mehrere kaufst.«

So einen Sack zu füllen, erforderte zwei oder gar drei Tage schweißtreibender Arbeit! Ich erfuhr auch, dass die meisten der Frauen ihre Männer im Krieg verloren hatten, andere hatten ihre Männer verlassen, und alle hatten hungrige Kinder zu Hause. Ich zückte den gelben Umschlag mit meinem letzten Lohn und verteilte ihn unter den Frauen, indem ich ihnen sämtliche vollen Säcke abkaufte. Dann gab ich dem Berg seine Steine zurück, wie jemand, der einen soeben geangelten Fisch wieder ins Meer zurückwirft.

Der Staub der zerkleinerten Steine und von Autos, die über ungeteerte Pisten rasten, legte sich auf meine Wimpern und Haare. Die Frauen und ich saßen noch eine Weile fröhlich zusammen, bevor sie wie Steine zu ihren Häusern hinabpurzelten. Ihr Lachen war Balsam für mein Herz, mein Zorn verrauchte. Wie ein vertriebener Mönch saß ich nun zwischen den Felsen und blickte von oben auf meine Stadt. Schön lagen die Häuser in der Ebene verstreut, ihre Dächer spiegelten die Sonne, als spielten da unten Kinder mit Spiegeln, wie um ein Lächeln in den Himmel zu schicken und die Menschen im Flugzeug zu begrüßen, genau wie sie mich bei meiner Ankunft begrüßt hatten. Die üppig grünen Bäume, das glückliche Lachen der Frauen über ein paar verdiente Pfund, all das fügte sich zu einer inneren Stimme, die mir zuflüsterte: »Bleib hier, bleib standhaft, so wie dieser Berg! Hier setzt dir die Sonne jeden Morgen eine Krone auf und der Regen wäscht deinen Kummer fort!«

Ich zog meinen ausländischen Pass aus dem schwarzen Rucksack und legte ihn auf den Felsen, auf dem ich gesessen hatte. Als der Wind mit seinen Seiten spielte, kehrte ich ihm den Rücken. Ich wollte wie der Regen sein, der die Blätter der Bäume, die Dächer der Häuser und die Zöpfe junger Frauen benetzte.

Dima Albitar Kalaji

Lasst uns die Stadt teilen:
Ich den Geräuschpegel der Bars, du die verschlafenen Augen der Clubs.
Du die Nacht, ich den Morgen, wenn er atmet.
Du die dritte Stufe, ich das Knirschen auf dem Kies.
Ich den Sex unter freiem Himmel, du die gemütlichen Betten von Fremden.
Ich die Mückenstiche und Papierschnitte, du die Verbrennungen und Schnitte
in der Küche.
Ich die Eisdiele, du den Kiosk.
Ich die mürrischen Nachbarn, du die zappeligen Blicke in den Zügen.

Lass uns die Stadt teilen:
Du den Erdumfang, ich die Erfüllung.

1 »Weiter Schreiben« ist ein Portal für Literatur aus Kriegs- und Krisengebieten. Weiterlesen können Sie hier: www.weiterschreiben.jetzt. »Weiter Schreiben« ist ein Projekt von WIR MACHEN DAS und wird aktuell gefördert von der Crespo Foundation, der KfW Stiftung, der C.H.Beck Kulturstiftung, der Stiftung Preußische Seehandlung, der Berliner Senatsverwaltung für Kultur und Gesellschaftlichen Zusammenhalt und dem »Weiter Schreiben«-Freundeskreis.

2 »Hallo, Ihr Rehe! Wie geht es Euch?« (A.d.Ü.)

3 »Es ist Geschichte«, schreibt Louis Aragon. »Alles hängt stets mit der Geschichte zusammen. Welche Bedeutung hatte Granada für François-René de Chateaubriand? Was bedeutet die Stadt mir?«, fragt sich Aragon und stellt fest: »Jeder hat sein Granada.«

4 Gemeint ist ein Stützpunkt der Basidsch, eine Freiwilligenmiliz, die sich überwiegend aus den unteren sozialen Schichten der iranischen Gesellschaft rekrutiert. Die Milizen, s.g. Baidschi, erhalten für ihren Dienst nur eine niedrige oder gar keine Besoldung, dafür aber viele Vorteile, z.B. in Form von Studienplätzen, Stipendien oder beruflichen Beförderungen. Die Basidsch ist heute überwiegend dafür zuständig, in den Dörfern und Städten die Einhaltung des rigiden Moralkodexes der Islamischen Republik durchzusetzen. Dafür haben sie allerorts mehr oder weniger gut ausgestattete, kleine Stützpunkte errichtet. [A.d.Ü.].

5 Respektvolle Anrede älterer Männer, bei denen aufgrund des Alters davon ausgegangen wird, dass sie der religiösen Pflicht der Pilgerfahrt nach Mekka (›Hadsch‹) bereits nachgekommen sind, unabhängig davon, ob die so bezeichnete Person die Pilgerfahrt tatsächlich gemacht hat oder nicht [A.d.Ü.].

Biografien der Beitragenden

GALAL ALAHMADI – *1987 in Saudi-Arabien ist ein jemenitischer Dichter, der in Berlin lebt. 2010 gewann er den Preis des Präsidenten auf lokaler, ein Jahr später auf nationaler Ebene. 2014 wurde er mit dem Abudlaziz-Al-Makaleh-Preis ausgezeichnet. Er hat als Journalist und Redakteur für verschiedene arabische Zeitungen und Magazine gearbeitet. Bis 2016 war er Literaturstipendiat der Heinrich-Böll-Stiftung. Er hat bisher vier Gedichtbände auf Arabisch veröffentlicht. 2017 erhielt er den Mohammed-Afifi-Matar-Preis in Kairo, 2019 das Torschreiber-Stipendium. Im Oktober 2020 erschien sein erster Arabisch-Deutscher Gedichtband, »Die Leere der Vase«, im Secession Verlag. *»Ein Hund in der Gasse« erschien in Galal Alahmadi: »Die Leere der Vase. Gedichte«, Secession Verlag Berlin, 2020.*

ABDALRAHMAN ALQALAQ – *1997 in Alyarmouk bei Damaskus, Syrien geboren, lebt in Hildesheim. Der palästinensisch-syrische Schriftsteller, Dichter und Performer studiert Kulturwissenschaften und ästhetische Praxis mit Schwerpunkt Theater und Literatur, sowie Kulturpolitik im internationalen Vergleich an der Universität Hildesheim und an der Université MV in Rabat. Er absolvierte ein FSJ am Staatstheater Karlsruhe, Praktika am Jungen Nationaltheater Mannheim und am Haus der Berliner Festspiele für das Performing Exiles Festival. 2022 erschien sein Lyrikdebüt »vierundzwanzig« auf Arabisch im Elles Publishing House in Kairo. 2024 erschien mit »Übergangsritus« sein erstes Buch auf Deutsch im Wallstein Verlag, für das er das Chamisso-Publikationsstipendium erhielt. *»Flashback« erschien in Abdalrahman Alqalaq: »Übergangeritus. Gedichte und Prosa«, Wallstein Verlag, Göttingen 2024.*

LINA ATFAH – *1989 in Salamiyah, Syrien, lebt in Wanne-Eickel. Sie studierte Arabische Literatur in Damaskus, hat für verschiedene Zeitungen und Kulturmagazine geschrieben sowie den Gedichtband »Am Rande der Rettung« veröffentlicht. Nach einer Nominierung von Nino Haratischwili erhielt sie 2017 den Kleinen Hertha Koenig Preis. 2019 wurde ihr erster Gedichtband auf Deutsch, »Das Buch von der fehlenden Ankunft«, im Pendragon Verlag veröffentlicht. Im selben Jahr erhielt sie das IKF-Arbeitsstipendium für Autor*innen im Ruhrgebiet. 2020 war sie Stipendiatin auf Schloss Wiepersdorf, 2021 im Künstlerhaus Edenkoben. Ihr zweiter Lyrikband, »Grabtuch aus Schmetterlingen« (Pendragon Verlag), war für den Leipziger Buchpreis (Kategorie: Übersetzung) nominiert und erhielt zusammen mit Brigitte Oleschinski und Osman Yousufi den mit 15.000 Euro dotierten Hauptpreis des Literaturpreises Ruhr. 2024 erhielt sie den Förderpreis des Landes NRW.

AHMED AWNY – *1988 in Kairo, Ägypten, ist Autor und Lektor und lebt in Berlin. Nach einem Maschinenbau-Studium studierte er *Creative Writing* an der Amerikanischen Universität von Kairo sowie Drehbuch in Marokko. 2010 veröffentlichte er die Kurzgeschichtensammlung »Chronische Angst« (Sharkyyat Verlag) und 2019 seinen ersten Roman, »Manche erreichen Größe, Jawa'iz lel abtal« (Almharouseh Verlag), der mit dem Sawiris-Preis als bester Roman des Jahres ausgezeichnet wurde. Er war *Writer in Residence* an der Cité International des Arts in Paris und Teilnehmer am »Internationalen Literatur Dialog«, einer Initiative des Auswärtigen Amts Österreich. Heute arbeitet Awny an seinem ersten Non-fiction-Buch. 2025 bekommt er das Arbeitsstipendium für Literatur in nicht-deutscher Sprache des Berliner Senats.

»Der Preis des Helden« ist ein Auszug aus dem Roman »Manche erreichen Größe, Jawa'iz lel ab-tal«, 2019 auf Arabisch erschienen im Almharouseh Verlag.

RASHA AZAB – *in Kairo, ist Journalistin, Aktivistin und Schriftstellerin. Nach dem Studium von Journalismus, Theater und Bildender Kunst an der Universität Kairo gründete sie 2000 ein unabhängiges Amateurtheaterfestival. Parallel arbeitete sie als Lokaljournalistin, als Kultur- und Investigativjournalistin. 2004 war sie eine der Mitbegründer*innen der politischen Bewegung »Kefaya«, die sich gegen das Mubarak-Regime richtete. Als Aktivistin spielte sie eine herausragende Rolle in der ägyptischen Revolution. Azab arbeitete als Rechercheurin für den Spielfilm »The Day I Ate The Fish« von Aida El Kashef und als Drehbuchautorin für Hammam Sokhns »Trapped«. Sie ist die Autorin des Bildbands »Cinema Cairo« (2017). 2022 erschien ihr erster Roman, »Ein salziges Herz«, bei Al Kotob Khan.

SUSANNE BAGHESTANI – lebt in Frankfurt/Main und übersetzt aus dem Persischen.

MARIE BAMYANI (PSEUDONYM) – ist eine afghanische Autorin, die in Kabul geboren, in Pakistan aufgewachsen ist und jetzt in Bad Berleburg lebt. Sie hat Psychologie an der Kabul Universität und Kommunikationsmanagement in Pune, Indien studiert. Nach ihrem Master ging sie zurück nach Kabul, arbeitete dort als Kommunikationsmanagerin und gründete einen psychologischen Beratungsservice, den sie nach der Machtübernahme der Taliban schließen musste. Bamyanis Kurzgeschichten wurden in Anthologien veröffentlicht, u.a. in *»My Pen Is the Wing of a Bird, New Fiction by Afghan Women«* (MacLehose Press 2022).

LEILA CHAMMAA – lebt in Berlin und arbeitet als Dolmetscherin und Übersetzerin für Arabisch.

CLAUDIA DATHE – lebt in Jena und übersetzt aus dem Russischen und Ukrainischen.

ASAL DARDAN – *1978 in Teheran, wuchs in Köln, Bonn und Aberdeen auf und lebt in Berlin. Sie studierte Kulturwissenschaften in Hildesheim und Nahoststudien in Lund. Für ihren Text *Neue Jahre* wurde sie mit dem Caroline-Schlegel-Preis für Essayistik ausgezeichnet. Ihr Essayband *Betrachtungen einer Barbarin* (2021) war für den Deutschen Sachbuchpreis und den Clemens-Brentano-Preis nominiert. Im Mai 2023 hielt sie die erste Erika-Mann-Lecture an der Ludwig-Maximilians-Universität München. Gerade erschien ihr neues Buch »Traumaland« im Rowohlt Verlag.

HARTMUT FÄHNDRICH – lebt in der Schweiz und übersetzt aus dem Arabischen.

YIRGALEM FISSEHA MEBRAHTU – *1981 in Eritrea, lebt in München. Sie ist Journalistin und Lyrikerin und kam als PEN-Stipendiatin nach Deutschland. Bis zu einem staatlichen Verbot publizierte sie in verschiedenen eritreischen Medien und war als Moderatorin und Produzentin bei Radio Bana tätig. Danach wurde sie jahrelang in einem Militärgefängnis festgehalten. 2019 erhielt sie den *Freedom of Speech and Expression Award* des PEN-Zentrums Eritrea und veröffentlichte einen Gedichtband, 2022 ein Buch mit Kurzgeschichten und Essays und erhielt den *Milkias Mihrteab Yohannes Award for Independent Journalism and Courage*. 2023 erschien unter dem Titel »Ich bin am Leben« im Verlag »Das Wunderhorn« eine erste Gedichtsammlung auf Deutsch. 2023 erhielt sie den Kunstförderpreis und den Georg-Elser-Preis der Stadt München.

»Die Enge« erschien in Yirgalem Fisseha Mebrahtu: »Ich bin am Leben«, Verlag Das Wunderhorn Heidelberg, 2023.

BIANCA GACKSTATTER – lebt in Berlin, arbeitet als Psychologin und Übersetzerin aus dem Persischen.

STELLA GAITANO – *1979 in Khartum, Sudan, lebt als PEN-Stipendiatin in Kamen. Sie veröffentlichte zwei Kurzgeschichtenbände auf Arabisch, »Zouhor Zabila« und »The Return«, die beide ins Englische übersetzt wurden. »The Return« wurde 2015 von Rafiki, dem ersten Verlag des Südsudans, publiziert. Ihr Debütroman »Edo's Souls« (2018) gewann einen englischen *PEN Translates Award*. Ihr erster Erzählband auf Deutsch, »Endlose Tage am Point Zero«, erschien 2024 in der Edition Orient und wurde auf Platz 1 der Weltempfänger-Bestenliste von Lit-Prom gewählt. Gaitano ist Mitglied der *Sudanese Writer's Union*.
Die Flucht vor dem Monatslohn« erschien in: Stella Gaitano: »Endlose Tage. Erzählungen«, Edition Orient, Berlin 2024«.

HEIKE GEISSLER – lebt in Leipzig und arbeitet als Autorin und Übersetzerin aus dem Englischen.

DARYNA GLADUN – *1993 in Butcha, Ukraine, lebt an unterschiedlichen Orten im Exil. Sie ist eine preisgekrönte Dichterin, Übersetzerin aus dem Belarussischen, Journalistin und Performerin. Zuletzt erschienen 2020 »From the Shadow of Handsome Red Boys« und »Radio War« (auf Deutsch »Radio: Krieg«) 2023 im Thelen Verlag. Ihre Gedichtbände erscheinen in zahlreichen Sprachen. Ihre Gedichte finden sich international in Musikstücken, Theaterstücken, Poesie-Performances und Kunstausstellungen.

ANNETT GRÖSCHNER – *1964 in Magdeburg und seit 1983 in Berlin lebend, ist eine interdisziplinär arbeitende Schriftstellerin mit den Schwerpunkten Berlin in Geschichte und Gegenwart, ostdeutsche Transformationsprozesse nach dem Fall der Mauer und feministische Perspektiven. Sie ist Mitbegründerin von WIR MACHEN DAS, für das sie mehrere Projekte verantwortete. Bei *Weiter Schreiben* bildete sie eines der ersten Tandems mit Widad Nabi. Seit über zehn Jahren ist sie Mitglied des feministischen Kollektivs *10 nach 8*. 2024 erschien »Drei ostdeutsche Frauen betrinken sich und gründen den idealen Staat« (zusammen mit Peggy Mädler und Wenke Seemann) im Hanser Verlag München, 2025 der Roman »Schwebende Lasten« bei C.H.Beck.

RABAB HAIDAR – *1977 in Latakia, Syrien, lebt in Berlin. Die Autorin studierte Geistes- und Literaturwissenschaften mit Schwerpunkt Englische Literatur an der Tishreen Universität in Latakia und arbeitete als Übersetzerin, Autorin und Journalistin. Ihr erster Roman «Land des Granatapfels" erschien 2012. Seit 2017 veröffentlicht sie in deutschen Medien wie *ZON* und *Vogue*. Mit einem Stipendium der Heinrich-Böll-Stiftung kam sie 2019 nach Deutschland und trat seither im Rahmen verschiedener Festivals, Theaterproduktionen und Lesungen auf. Sie ist Mitglied des Syrian Women Network.
»Welche Farbe hat der Beton« entstand im Rahmen der »Weiter Schreiben«-Intervention zu Barbara Krugers Ausstellung »A bridge with no banks« in der Neuen Nationalgalerie Berlin, Juni 2022. Er bezieht sich auf das Zitat »Is that all there is?«

NINO HARATISCHWILI – *1983 in Tbilissi, Georgien, lebt in Berlin und ist Romanautorin, Dramatikerin und Regisseurin. Ihre Inszenierungen werden u.a. am Deutschen Theater Göttingen, auf Kampnagel Hamburg und am Thalia Theater aufgeführt. Ihr Roman »Das achte Leben (Für Brilka)«, in 30 Sprachen übersetzt, avancierte zum weltweiten Bestseller, eine große internationale Verfilmung ist in Vorbereitung. Zuletzt erschien 2022 »Das mangelnde Licht« in der Frankfurter Verlagsanstalt. Ihr Werk wurde vielfach ausgezeichnet, u. a. mit dem Anna-Seghers-Literaturpreis, dem Bertolt-Brecht-Preis und dem Schiller-Gedächtnispreis. Ihr Roman »Die Katze und der General« stand auf der Shortlist für den Deutschen Buchpreis 2018.

SONJA JACKSCH – lebt in Berlin und arbeitet als freiberufliche Übersetzerin für Arabisch, Englisch und Deutsch.

DIMA ALBITAR KALAJI – *1982 in Damaskus, Syrien, lebt in Berlin. 2012 war sie Mitbegründerin von Radio Souriali in Syrien. Sie veröffentlicht Texte in verschiedenen syrischen und internationalen Zeitungen. In Deutschland produzierte sie in Kooperation mit Deutschlandfunk Kultur den Podcast *Syrmania*; in Kooperation mit rbbKultur entstand 2020 der Podcast *(W)Ortwechseln – Weiter Schreiben Briefe*. Für WIR MACHEN DAS war Dima Albitar Kalaji seit 2017 als Kuratorin, Lektorin, Künstlerische Leiterin und Autorin für verschiedene Projekte tätig, darunter *Weiter Schreiben* und *Lebendiges Archiv – Umgang mit Diktatur*.

AHMAD KATLESH – *1988 in Damaskus, lebt als Schriftsteller, Sprecher, Performer und Journalist in Berlin. Er veröffentlichte Lyrik und Prosabände in Syrien und Jordanien, sein erster Gedichtband auf Deutsch, »Das Gedächtnis der Finger«, erschien im November 2020 in der Edition Rugerup und wurde mit dem Chamisso-Publikationsstipendium der Friedrich-Baur-Stiftung ausgezeichnet. In seinem Podcast *Tiklam* vertont er für ein Millionenpublikum literarische Werke auf Arabisch. 2024 erschien das Buch »Komm dahin, wo es still ist« im Rowohlt Verlag, das er zusammen mit Vanessa Vu schrieb.
»Die Straßen auf meinem Rücken« erschien in Ahmad Katlesh: »Das Gedächtnis der Finger«, Edition Ruegrup, Berlin 2020.

MARIAM MEETRA – *1992 in Baghlan, Afghanistan geboren, lebt in Berlin. Die Schriftstellerin und Frauenrechtlerin studierte Journalismus und PR in Kabul und schloss einen Master in Sozialwissenschaften an der Humboldt Universität zu Berlin ab. Gegenwärtig arbeitet sie als wissenschaftliche Mitarbeiterin an der Universität Leipzig und ist literarische Kuratorin für die Deutsche Welle und das Beethovenfest in Bonn. 2013 erschien ihr erster Lyrikband »Leben am Rand« auf Persisch. Auf Deutsch veröffentlichte sie u.a. in der Zeitschrift »die horen«. 2023 erschien ihr erster Gedichtband auf Deutsch, »Ich habe den Zorn des Windes gesehen«, im Wallstein Verlag, für den sie das Chamisso Publikationsstipendium erhielt. Meetra ist Mitglied des afghanischen PEN.
»Kabul, traurigste Stadt der Welt« erschien in Mariam Meetra: »Ich habe den Zorn des Windes gesehen. Gedichte. Persisch – Deutsch«, Wallstein Verlag, Göttingen 2023.

KATERYNA MISHCHENKO – *1984 in Poltava, Ukraine geboren, ist Verlegerin, Autorin, Übersetzerin und Kuratorin und lebt in Berlin. Sie studierte Deutsche Philologie, Englisch und Weltliteratur an der Nationalen Linguistischen Universität Kyjiw, wo sie auch als Dozentin tätig war. Danach arbeitete sie als Übersetzerin und war Mitbegründerin der Zeitschrift Prostory. Seit 2014 ist sie Herausgeberin im unabhängigen Verlag Medusa. Sie kuratiert Veranstaltungen an der Schnittstelle von Kunst und Politik. 2023 hat sie im Suhrkamp Verlag mit Katharina Raabe den Essayband »Aus dem Nebel des Krieges« herausgegeben, 2025 erscheint »Geteilter Horizont«. Sie war Fellow des Wissenschaftskollegs und arbeitet heute bei der Bundeszentrale für Politische Bildung.
»Sackgasse« entstand im Rahmen der »Weiter Schreiben«-Intervention »Höchste Zeit für Imagination« zur Ausstellung »Roads not Taken. Oder: Es hätte auch anders kommen können« im Deutschen Historischen Museum, September 2024. Er bezieht sich auf Exponat: »ZU SPÄT. TOO LATE«.

BAHRAM MORADI – *1960 in Broujerd, Iran, lebt in Berlin. Er ist Schriftsteller, Kritiker, Schauspieler, Dramatiker und Regisseur. Seine mehrfach ausgezeichneten Kurzgeschichten und Romane veröffentlichte er bisher auf Persisch und Englisch: »Das Gewicht der Anderen« (Alqesseh Verlag, USA 2021); »Der Vigilant« (Mehri Verlag, London 2020); »Der Mann unter dem Baum auf der

Straßenseite gegenüber« (Caravan Verlag, Teheran 2005/London 2019); »Gelächter im Haus der Einsamkeit« (Akhtaran Verlag, Teheran 2002/London 2019). 2025 erscheint sein erster Roman auf Deutsch im Wallstein Verlag.

NASTA MANCEWITZ – *1983 in Vilejka, Belarus, ist Dichterin, Essayistin, Übersetzerin und LGBTQ-Aktivistin und lebt in Minsk. Sie veröffentlichte bislang zwei Lyrikbände. Ihr Debüt »Ptuški« (»Vögel«), erschienen 2012, war für den Maxim Bogdanovich Debüt Preis nominiert. 2014 war sie Mitbegründerin von *MAKEOUT*, einem publizistischen Projekt und Netzwerk, das sich bis zu seiner erzwungenen Schließung Anfang 2022 mit den Fragen von Gender und Sexualität in Belarus auseinandersetzte.

WIDAD NABI – *1985 in Kobani, Syrien, lebt in Berlin. Die kurdisch-syrische Lyrikerin und Autorin studierte Wirtschaftswissenschaften an der Universität Aleppo. Sie hat für zahlreiche Zeitschriften und Zeitungen geschrieben, in Deutschland u.a. für die Berliner Zeitung, SPON, Kursbuch, ZON. 2013 erschien ihr Buch »Zeit für Liebe, Zeit für Krieg« in Aleppo, 2016 folgte »Syrien und die Sinnlosigkeit des Todes« in Beirut. In Deutschland wurden erste Texte in Anthologien veröffentlicht. Sie war Stipendiatin des Weiter Schreiben-Stipendiums in Wiesbaden und Stadtschreiberin von Rheinsberg. Ihr erstes Buch auf Deutsch »Kurz vor 30, ... küss mich« erschien 2019 im Sujet Verlag, 2021 folgte dort der Lyrikband »Unsichtbare Brüche«.
»Der Ort von Erinnerung beleuchtet« erschien in Widad Nabi: »Kurz vor dreißig, ...küss mich«, Sujet Verlag, Bremen 2019.

GÜNTHER ORTH – lebt in Berlin und arbeitet als Dolmetscher und Übersetzer für Arabisch.

SARAH RAUCHFUß – lebt in Berlin und übersetzt aus dem Persischen.

ANNIKA REICH – lebt in Berlin und ist Schriftstellerin und Mitgründerin und Künstlerische Leiterin von WIR MACHEN DAS und »Weiter Schreiben«.

TANASGOL SABBAGH – *1993 in Amol, Iran geboren, aufgewachsen in Deutschland, lebt in Berlin. Sie ist Künstlerin, Dichterin, Spoken Word Performerin und unterrichtet außerdem Poesie und Kreatives Schreiben. Neben ihrer Arbeit an Performances, Audiostücken und Videoinstallationen gründete sie 2017 mit anderen Künstler*innen die Veranstaltungsreihe *parallelgesellschaft*, die das Spektrum des Kreativen und Politischen jenseits der Standards der deutschen Dominanzkultur auslotet. Mit Josefine Berkholz gründete und moderiert sie das auditive Literaturmagazin *Stoff aus Luft*, das die Poetik der gesprochenen und klangbasierten Literatur untersucht.

SULEMAN TAUFIQ – lebt in Aachen und arbeitet als Schriftsteller, Übersetzer für Arabisch und Kulturjournalist.

KERSTIN WILSCH – lebt in Amman und arbeitet als Übersetzerin und Dolmetscherin für Arabisch und Englisch.

MIRJAM WITTIG – lebt in Berlin, arbeitet derzeit am zweiten Roman und betreut für »Weiter Schreiben« unter anderem Publikationsprojekte.

TINA WÜNSCHMANN – übersetzt aus dem Russischen und Belarussischen.

OSMAN YOUSUFI – lebt in Wanne-Eickel, arbeitet als Lehrer und Übersetzer für Arabisch.

SAM ZAMRIK – *1996 in Damaskus/Syrien, ist queere:r Autor:in, Übersetzer:in und politische:r Bildner:in. Zamrik arbeitete als Bandmanager:in und Songtextschreiber:in im Rahmen der

Underground Musikbewegung »New Wave of Syrian Metal«. An der Universität Damaskus studierte Zamrik Anglistik und begründete einen Dichterclub für Englisch verfasste Lyrik mit, der Studierenden einen geschützten Raum für freien Ausdruck bot. Als Stipendiat:in am Bard College Berlin, erwarb Zamrik einen BA in Politik und Literatur. Veröffentlicht wurden einzelne Texte von der WIR MACHEN DAS-Initiative Weiter Schreiben sowie in verschiedenen deutschen Zeitungen wie taz und Tagesspiegel. Im Bereich der politischen Bildung organisierte Zamrik mehrere Simulation Workshops und Diskussionen zu den Themen Flucht, Asyl und Integration u.a. im roten Salon der Berliner Volksbühne. Zamriks zweisprachiges Lyrikdebüt »ICH BIN NICHT« erschien 2022 im Hanser Berlin Verlag, das für die 2023 Lyrikempfehlungen der Deutschen Akademie für Sprache und Dichtung ausgewählt wurde. Zamrik wurde 2022 mit dem ersten Wunderblock Award der Wunderblock Stiftung ausgezeichnet.

»Die Armen in den Städten« erschien in Sam Zamrik: »ICH BIN NICHT«, Hanser Berlin Verlag, 2022.

»Die afghanische Dichterin (...) hat herausragende Gedichte über Flucht und Exil geschrieben.«
(Daniel Graf, Republik, 15.12.2023)

Mariam Meetra
**Ich habe den Zorn
des Windes gesehen**

Gedichte. Persisch - Deutsch
Aus dem Persischen von Ali Abdollahi,
Susanne Baghestani, Sylvia Geist und Kurt Scharf

130 S. · geb., SU
ISBN 978-3-8353-5477-7
€ 22,00 (D) / € 22,70 (A)

»Mein Leben, das ich nicht leben werde /
webt mir Gesichtszüge, und wir verschlingen
uns gegenseitig«.

Abdalrahman Alqalaq
Übergangsritus
Gedichte und Prosa

Mit einem Nachwort von Michael Krüger.
Aus dem Arabischen übersetzt von Günther Orth,
Leila Chammaa und Sandra Hetzl

98 S. · geb., SU
ISBN 978-3-8353-5694-8
€ 22,00 (D) / € 22,70 (A)

im Wallstein Verlag

»Ein erzählerisch starker Roman mit einer
tiefen Menschenfreundlichkeit als Fundament.«
(Ingo Arend, Deutschlandfunk Kultur,
07.09.2022)

Ali Al-Kurdi
Der Schamaya-Palast

Roman
Aus dem Arabischen übersetzt
von Larissa Bender

178 S., geb., SU
12 x 20 cm
ISBN 978-3-8353-3997-2
€ 22,00 (D) / € 22,70 (A)

Erschienen im Dittrich Verlag

Rainer Wieczorek
Ringo-Variationen

120 Seiten · HC
ISBN 978-3-910732-23-0
EUR 22,00

»Rainer Wieczorek, der Meister der Künstlernovelle, richtet seinen Blick diesmal auf einen Vierten – den Vierten der Beatles nämlich, Ringo Starr. Das Ergebnis ist so verblüffend wie berührend.«

Jochen Schimmang, 2/2025

George Harrison meint, die Beatles seien zu allen Zeiten Johns Band gewesen, was immer auch Paul dazu sage.
Sie waren aber auch Ringos Band, jedenfalls aus Sicht des Schlagzeugers.
Rainer Wieczorek betrachtet die Geschichte der Beatles aus dessen Sicht, der Sicht eines Musikers, der die Kollegen beim Auftritt nur von hinten sieht.
Später, als wolle er Ringo aus dieser Position heraushelfen, stellt Wieczorek ihm einen Plattenspieler ins Hotelzimmer und legt Bachs Goldberg-Variationen auf – mit ganz erstaunlicher Wirkung.
Auf sehr unterhaltsame Weise lasst Rainer Wieczorek das Leben Ringo Starrs und Bachs »Goldberg-Variationen« sich aufeinander zubewegen – mit überraschendem Ergebnis.
So kommt auch das Leben Glenn Goulds ins literarische Spiel, der sich wie die Beatles Mitte der Sechzigerjahre von seinem Publikum zurückzog.

Florin Irimia
Der Mann hinter dem Nebel
Geschichten

300 Seiten · Klappenbroschur
ISBN 978-3-910732-30-8 · EUR 18,00

»Der Mann hinter dem Nebel« ist eine Sammlung von 23 lose miteinander verbundenen literarischen Erzählungen. In diesen Geschichten wird die Entwicklung des Protagonisten über das Groteske, Abgründige, das Traumhafte, nahezu Kafkaeske beschrieben. Es ist die Erzählung von einem Strauchelnden, der Glücksmomente und schmerzhafte Verluste erlebt, der oftmals am Scheideweg steht, an dem sich ihm aber immer eine Perspektive auftut.
Ein traumhaft flirrendes, ein trauriges Buch: atmosphärisch dicht, mit erzählerischer Sogwirkung. Nicht nur für Kafka-Fans.

Aus dem Rumänischen von Peter Groth

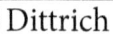

Im Exil ...

... zehren sie von der Erzähltradition ihrer sudanesischen Heimat

Abdelaziz Baraka Sakin
Der Messias von Darfur.
Roman
Übersetzt aus dem Arabischen von Günther Orth
Nachwort von Enrico Ille
168 Seiten; geb.; ISBN 978-3-945506-22-6 • 22,00 €

Stella Gaitano
Endlose Tage am Point Zero.
Erzählungen
Übersetzt aus dem Arabischen von Günther Orth
112 Seiten; geb.; ISBN 978-3-945506-32-5 • 19,80 €

Zwei junge Sudanesen, Ibrahim und Shikiri, werden auf der Fahrt nach Khartum aus dem Bus gezerrt und zum Militärdienst eingezogen. Im weiteren Verlauf begegnet Shikiri einer jungen Frau, die durch die Djandjawid alles verloren hat und zu allem bereit ist – auch zur Hochzeit mit Shikiri, so er ihr bei ihrem Rachefeldzug gegen die Djandjawid hilft. Es beginnt eine Odyssee dieser drei durch verschiedene Kampfgebiete in der Region Darfur, zu beiden Kriegsparteien, durch Episoden der sudanesischen Geschichte.

»Der Roman beeindruckt durch Charaktere, die von Liebe, Vertrauen und Freundschaft erzählen, von der unendlichen Stärke, mit denen die Menschen im Sudan gegen das Unrecht angehen.« (C. Wegerhoff in »Lesart«, Deutschlandfunk Kultur)
»Ein beeindruckendes, bewegendes und spannendes Buch von einem souveränen Autor in der Übersetzung von Günther Orth, der den reflektierten, ironischen Erzählton perfekt ins Deutsche übertragen hat.« (V. Kaminski auf qantara.de)

Die 13 Kurzgeschichten dieser Sammlung entstanden in den Jahren vor und nach der Unabhängigkeit des Südsudans 2011. In mehreren Geschichten findet daher die als schmerzlich empfundene Trennung der beiden Länder Eingang. Im Mittelpunkt aber stehen Menschen, die die Mühen des Daseins zu tragen haben, dabei jedoch nie ihre Würde verlieren. Die Geschichten verbindet ein mitfühlender Blick der Autorin auf ihre Protagonisten, denen sie in kraftvollen Bildern ein Denkmal setzt.
Von 2022–2024 war Gaitano Stipendiatin des Writers in Exile-Programms des PEN-Zentrums Deutschland.

NOMINIERT für den Liberaturpreis 2025
»... ein intensiver und einsichtsvoller Kurzgeschichtenband.« (S. Hartl auf swr Kultur)
»Stella Gaitanos Kurzgeschichten zeigen Schönheit und Kraft der (süd-)sudanesischen Literatur.« (C. Wegerhoff in AMNESTY JOURNAL 05/2024)

– Lichtblicke der arabischen und afrikanischen Literatur –